AF544570

Nikolaus Harnoncourt

Über Musik

Mozart und die Werkzeuge des Affen

Herausgegeben von Alice Harnoncourt

Residenz Verlag

Bibliografische Information der Deutschen Nationalbibliothek
Die Deutsche Nationalbibliothek verzeichnet diese Publikation in der Deutschen Nationalbibliografie; detaillierte bibliografische Daten sind im Internet über http://dnb.dnb.de abrufbar.

www.residenzverlag.at

Umschlaggestaltung: www.boutiquebrutal.com
Typografische Gestaltung, Satz: Lanz, Wien
Gesamtherstellung: GGP Media GmbH, Pößneck

ISBN 978 3 7017 3508 2

Nikolaus Harnoncourt
Über Musik

Inhalt

Vorwort

Mein Mann hat ständig über Musik und Musizieren nachgedacht, über seine Konzerte und Opernprojekte, geforscht, aber auch geschrieben.

Nun bin ich seit langem dabei, seine Schriften und Arbeiten zu sichten, zu ordnen und zu archivieren.

Die Geschichte der Aufführungspraxis der Musik beinhaltet sehr viele verschiedene Aspekte und berührt auch die ganze umfangreiche Kulturgeschichte des Abendlandes – so sind immer wieder interessante Erkenntnisse und spannende Entdeckungsreisen möglich.

Ich würde mir wünschen, daß die folgenden, für die originelle Denkweise meines Mannes typischen Essays zu vertiefenden Überlegungen führen können und Inspirationen beflügeln zu neuen Einsichten.

Unser Leben war ja darauf fokussiert, die Kraft der Musik lebendig und befeuernd wirken zu lassen und dadurch auch weitere Wege für Neues zu ermöglichen.

Wir alle brauchen doch die Musik für unser Leben!

Alice Harnoncourt

Liebe Sophie

ich höre, daß Sie auf Ihrem bisherigen Lebensweg von der Kunst, mit der ja wohl jedes Kind irgendwie in Berührung kommt, so angerührt worden sind, daß Sie sie als Lebensziel erkannt haben.

Vor fast 70 Jahren hatte ich eine vielleicht vergleichbare Entwicklung (mitten in der Nazizeit und im Krieg). Ich wußte nicht, was »Kunst« ist, und doch war alles für mich Wichtige aus heutiger Sicht Kunst. – Holzscheiter wurden zu Köpfen geschnitzt, Bücher weckten die Phantasie – eines Tages Kleist's Büchlein über das Marionettentheater. Das war es!

Mir war Theater eher fremd, Kunst war für mich Musik, Malerei und Zeichnen. Ich war 12 oder 13 Jahre und machte Marionetten – ich hatte nie so etwas gesehen – einfach angeregt von Kleist. Viele Kinder mußten mitmachen – schließlich, kurz nach dem Krieg, wurde es etwas ganz Großes: »Faust«. Ich war 16, hatte alles selbst gemacht, die Figuren, das Theater, das Licht, 8 Monate Proben in der Schulzeit (oft war schulfrei, weil es nichts zum Heizen gab), 23 Mitwirkende von 7 bis 50 Jahre. Ich wollte, daß es ernstgenommen wird, also Jugendverbot unter 18 Jahren! Dann über 20 ausverkaufte Aufführungen, Begeisterung, tolle Kritiken. Das war mein Lebensberuf! – Eine Stunde Realität brachte mich auf den Boden: Berechnungen zeigten mir, daß ich davon nicht leben kann, gerade weil ich nur höchste Ziele akzeptierte – also Schluß. Alles verpackt und weggesperrt – ich blieb bei der Kunst und wurde Musiker. Aber wenn ich auch keine Marionetten je mehr anrührte, es war das bestimmende Erlebnis.

Wer die Kunst als wichtig(st)e Lebensquelle erkannt hat, den nimmt sie in Besitz, mit Fleisch und Blut, von Kopf bis Fuß – ganz.

Alles Gute wünscht

P.S.: Niemand weiß, wie stark der Musenkuß ist, den wir bekommen haben. Er treibt uns zum Höchsten und immer weiter noch zum Unerreichbaren. Aber wenn wir spüren, daß es doch nicht reicht … mit dem Zweitbesten geben wir uns nicht zufrieden … dann Schluß und was anderes! (Die Kunstwelt wimmelt von Gescheiterten, die nicht aufgeben können.)

2011

Aufführungspraxis

Seit der Musiker nicht mehr ausschließlich die Musik der Gegenwart spielt – wie noch vor zweihundert Jahren –, breitet sich nach und nach eine immer drückendere Unsicherheit aus, wie diese oder jene Musik gespielt werden solle. Was ist stilistisch richtig, wie hat man das damals gemacht und vor allem: Was hat das alles für uns zu bedeuten?

Wenn, wie noch bis in das 19. Jahrhundert hinein, nahezu ausschließlich zeitgenössische Musik gemacht wird, gibt es zwischen den Komponisten, deren Interpreten und dem Zuhörer weitgehende Übereinstimmung. Es gibt keine Stilfragen, weil es ja nur einen Stil gibt – den der Gegenwart. Die Probleme einer richtigen Interpretation stellen sich überhaupt nicht, was zählt, ist allein der Geschmack. – Wenn nun in einer kulturell derart in sich ruhenden Zeit dennoch einmal ein älteres Werk aufgeführt wurde – meist im Bewußtsein, etwas sehr Ungewöhnliches zu tun, mit starkem musealen Beigeschmack –, dann musizierte man selbstverständlich nach den stilistischen und ästhetischen Maßstäben der Gegenwart, weil sie ja die einzig bekannten waren, aber auch für die ganz zweifelsfrei fortschrittlichsten und besten gehalten wurden. Mozarts Händel-Aufführungen, Mendelssohns Bach-Aufführungen oder die Mozart-Aufführungen der Jahrhundertwende waren wohl Beispiele dafür.

Nun aber hat sich nach und nach unser Musikleben, unser Kunstverständnis überhaupt, gewandelt. Das gesamte Repertoire abendländischer Musik steht uns ständig zur Verfügung, die Musik der unmittelbaren Gegenwart spielt dagegen eine eher bescheidene Rolle. Somit ist aber der stilistische Bezugspunkt verlorengegangen und der Musiker will nun die Musik der verschiedenen Epochen in einem adäquaten Stil darstellen; der Hörer will sie ›stilistisch richtig‹ hören und so gleichsam ein Musikmuseum durchwandern. Dieser nun fast allgemein anerkannte Wille nach einer sozusagen ›werkgetreuen‹ Wiedergabe von historischer Musik – und aus solcher besteht unser Musikleben ja nahezu ausschließlich – ist im Grunde unnatürlich und letzten Endes nicht realisierbar. Man kann nicht so tun, als wäre man ein Mensch aus einer anderen Zeit; das Musikverständnis läßt sich ja nicht vom allgemeinen Denken und Fühlen loslösen. Die Gegenwart wird jede Interpretation und auch deren Aufnahme immer entscheidend mitbestimmen, ob man dies nun wahrhaben will oder nicht. So könnte man meinen, daß alle Bemühungen um historische Aufführungspraxis oder auch nur um ein Werkverständnis, das der Entstehungszeit entspricht, müßig wären – es werde ja doch alles in die Gegenwart transplantiert.

Ich meine aber, daß wir gerade heute, wo wir Musik des 16. Jahrhunderts ebenso aufführen wie Werke von Monteverdi, Mozart, Brahms und Bartók, den einzelnen Komponisten und seine Zeit in einer ganz neuen Weise verstehen können. Wir interessieren uns ja nicht aus oberflächlicher historischer Neugier für diese Werke, sondern weil wir instinktiv empfinden, daß sie uns über die Jahrhunderte hinweg etwas zu sagen haben, was immer aktuell bleibt, und was für uns sehr wichtig ist – gerade, weil uns etwas in unserer Gegenwart zu fehlen scheint. Wenn wir also die Werke der letzten Jahrhunderte verstehen wollen, dann müssen wir uns wohl für alles interessieren, was dieses Verständnis erleichtert. Wir werden sehen, wie sehr die verschiedenen Künste ineinander verzahnt sind, wie sehr sie mit dem Leben, der Religion und Philosophie der jeweiligen Zeit verknüpft sind. So werden wir die Äußerungen der Musiker mit anderen Augen lesen, wie auch die Beschreibungen der Reaktionen der Zuhörer. Aus dieser Kenntnis kann unsere Interpretation sehr vieles von der ursprünglichen Werkidee bekommen; freilich wird es immer eine Interpretation unserer Zeit sein.

Wir verlangen also heute von einem Musiker, daß er die Werke in ihren Originalen (also im »Urtext«) studiert, und nicht in irgendwelchen Bearbeitungen, und daß seine Interpretation soweit wie möglich von der Werkidee des Komponisten ausgeht. Ob er die dabei gewonnenen Erkenntnisse dann realisiert oder nicht, ist seinem Geschmack überlassen. In jedem Fall werden sie – so oder so – in seine Interpretation eingehen.

Nun gibt es zahllose Zeugnisse über das Musizieren in den letzten Jahrhunderten: vor allem Schulwerke, theoretische Schriften, Dichtungen mit Abschnitten über Musik und ihre Wirkungen, Vorworte zu Kompositionen usw. Wie wichtig und interessant ist es für den Musiker wie für den Hörer, jede Information über die Musik, über die Kunst, über Kunst im Leben zu bekommen, die sich erreichen läßt? Es gibt nur wenige Menschen, die ihr brennendes Interesse und ihre persönliche Zeiteinteilung dahin führt, ja geradezu dahin zwingt, all die vielen Originaldokumente selbst zu lesen; die Briefe der Komponisten, der Maler, der Bildhauer und Architekten, die Dokumente der Mäzene, die Unterrichtswerke, die philosophischen Schriften, die Vorworte der Notenausgaben … und all das andere, was nur irgendwie auf Musik Bezug nimmt. Es sind ganze Bibliotheken in allen Sprachen Europas geschrieben aus vielen Jahrhunderten unserer Vergangenheit. Eigentlich ist ja nur der, der all diese Quellen selbst liest, imstande, sich ein Bild über unsere geliebte Kunst zu machen, sich eine wahrhaft persönliche Meinung zu bilden … aber wer kann, wer tut das schon? Wir, die wir unserer Leidenschaft nicht diese totalen Opfer bringen können, müssen also sehr dankbar sein, wenn dies jemand für uns tut. Wir bekommen dann sozusagen die Essenz aller Studien und damit auch deren persönliche Auslegung. Wir liefern uns zwar mit Haut und Haaren, und in fast blindem Vertrauen, dem Autor aus – aber es erwartet uns ein spannendes und höchst informatives Komprimat. Natürlich können Auszüge niemals die Quellen als Ganzes ersetzen, aber sie zeigen in vielen Details, was beschrieben ist und wo man es finden kann, und so wird sich wohl mancher Interpret angeregt fühlen, das eine oder andere ganze Werk zu studieren.

Noch ein Wort zu den Quellen als solche: die Autoren schrieben prinzipiell für ihre Zeitgenossen, nicht für uns. Das bedeutet, daß sie alles, was sie für allgemein bekannt hielten, gar nicht niederschrieben – oft wären aber gerade das die Informationen, die wir am nötigsten hätten. Wir müssen uns also gleichsam in ›gebildete Zeitgenossen‹ hineindenken, um zu verstehen, warum der Autor gerade das beschreibt und jenes nicht. So begeben wir uns auf die Spur der alten Meister und vieles, das wir aus ihrer verschlüsselten Notenschrift nicht begreifen konnten, wird uns verständlich werden.

Vorwort für ein Buch von Uli Molsen

Phänomene des Musiklebens – Über das Musikhören

Wenn wir die enorme Wirkung betrachten, die Musik auf den Menschen, das Publikum hat, wird uns klar, daß Musik – so wie jede kulturelle Äußerung, auch Malerei, Architektur oder Dichtung – für das menschliche Zusammenleben eine große Rolle spielt. Man kann an der Art, wie Musik geschrieben ist, wie bildende Kunst ausgeführt wird, erkennen, auf welcher Lehre die Kunst beruht, auf welcher Philosophie, und an welchen Abnehmerkreis, an welches Publikum sie sich wendet. Kunst kann so elitär sein, so esoterisch, daß sie sich nur an eine kleine Schicht von Kennern wendet, die ein Spezialvokabular beherrschen, das niemand sonst versteht. Eine solche Haltung kann so kultiviert werden, daß diese Kunst schließlich nur mehr für einen abgezirkelten Kreis der Wissenden da ist. Das findet man immer wieder in gewissen Perioden mancher Kulturen, wo überhaupt nur die Wissenden eine Rolle spielen. So eine esoterische Kulturenklave dürfte wohl im 14. Jahrhundert in Avignon gewesen sein. Abgesehen von den übrigen kulturellen Äußerungen kann ich mir nicht vorstellen, daß die dort gepflegte Musik eine größere Verbreitung und Wirkung hatte. Sie ist derart kompliziert, daß sie dem winzigen Kreis wahrer Kenner ein Gefühl höchster kultureller Besonderheit und feinsten geistigen Genusses gegeben haben muß, eine unendliche Überlegenheit und Emporgehobensein über alles ›Minderwertige‹.

Musik, die sich nur an den Kenner wendet, der mit dem Gefühl sehr bewußt operiert, nachdem er die Sprache verstanden hat, wird von ›gewöhnlichen‹ Menschen ungefähr so aufgenommen, wie wenn jemand in einer einigermaßen verständlichen Fremdsprache zu uns spricht. Ein Fachvortrag – etwa über Soziologie – ist meist nur dem Eingeweihten verständlich, die anderen werden das, was der Vortragende sagt, für sehr klug halten, aber was er wirklich sagt, können sie nicht verstehen. Es handelt sich dann wohl um eine Zunftsprache, wie es sie auf allen Gebieten gibt. Es gibt Vorträge von Kunsthistorikern, die so unverständlich sein können, wie Vorträge von Ärzten, die zur Hälfte auf Lateinisch sind; das ist dann eine Art von Geheimsprache, die ihren guten Grund hat. Ähnlich ist es in der Musik, die in ihrer Sprachlichkeit, in ihrer Diktion ein Vokabular verwendet, das sowohl der Musiker, der es anwendet, als auch der Hörer verstehen *muß*. Dies ist für uns, die wir im Geist der Romantik ausgebildet sind, gar nicht so leicht zu glauben.

Wir haben heute, sozusagen in der Endzeit unserer Kultur, die ganze Geschichte des Abendlandes zugleich vor Augen, die Kunst der großen Architekten, Maler, Dichter und Musiker aus vielen Jahrhunderten, und können dies gleichzeitig überblicken. Das ist natürlich ein Gewinn für uns. Diesem Gewinn ist aber ein Verlust an Einheit vorausgegangen. Es gibt in der Kulturgeschichte einen Punkt, wo die Einheit von Kunst und Leben nicht mehr gegeben ist und wo Kunst etwas ist, das man im Museum bewundert und nicht mehr Bestandteil des wirklichen Lebens ist. Die Gründe für diese Diskrepanz aufzuzeigen wären wert, näher erkundet zu werden.

Es ist für uns als Musiker, aber auch als Hörer sehr wichtig, über die Rolle der Musik in unserer Gesellschaft nachzudenken, sonst stehen wir eines Tages als Musiker vor einem Musikleben, das reine Historie ist, das es eigentlich nicht mehr gibt, und wissen dann nicht, wie wir das Leben und die Musik überhaupt wieder in Einklang bringen können. Ob es auch in Zukunft noch Symphonieorchester im herkömmlichen Sinn geben wird?

Welche Bedeutung die Musik im zukünftigen Gesellschaftsleben haben wird, daran arbeiten wir mit unserer heutigen Einstellung, das formen wir mit. Es ist eine Frage der Evolution, genauso wie der Musikunterricht als solcher. Wahrscheinlich wird der rein technische

Musikunterricht immer eine gewisse Ähnlichkeit mit dem bisherigen haben müssen, weil sonst der technische Standard nicht erreicht werden kann, aber wir müssen über die rein technologische Beherrschung der Musik hinausgehen – das genügt nicht mehr.

Es gibt eine Art von Korrespondenz, von Entsprechung zwischen Hörer und Musiker, sie ergänzen einander. Der Musiker versucht immer das zu bringen, was der Hörer hören will, und der Hörer hört das, was der Musiker bietet. Aber das hat natürlich auch mit der Relation von Angebot und Nachfrage zu tun. Wenn das Publikum nicht mehr in bestimmte Konzerte geht, wird der Veranstalter eben andere Programme ansetzen, und so wird das Publikum in eine bestimmte Richtung gelenkt. Die Musiker, die unbekannte Meisterwerke spielen, kehren bald, von den leeren Häusern abgeschreckt, zu den altgedienten Standardwerken zurück. Geschäft ist Geschäft. Das Publikum kommt dadurch also nie dazu, etwas Neues wirklich kennenzulernen.

So kann man auch nie lernen, Musik zu hören; denn wenn man die 7. Symphonie von Beethoven zum 40. Mal hört, inmitten von Menschen sitzend, die ebenfalls jeden Ton kennen und schon voraushören, wie das Werk weitergeht, dann hört man gar nicht mehr die 7. Symphonie Beethovens, man beobachtet lediglich, unbewußt vergleichend, ihren Ablauf und registriert die Eigenschaften der Wiedergabe. Es geht ausschließlich um das ›Wie‹, das ›Was‹ ist hinlänglich bekannt.

Was ist Musik überhaupt, und wie wirkt sie, und wie ist sie von ihren Schöpfern gemeint? Ich weiß, daß ich diese Fragen nicht beantworten kann, aber ich weiß auch, daß Musik, so wie sie gemeint ist, nur solange wirkt, als sie unbekannt ist. Der Komponist will dem Hörer etwas sagen, etwas bieten, was er nie zuvor gehört hat – er führt den Hörer bewußt in die Irre, indem er ihm allgemein Phrasen vorsetzt, die plötzlich in gänzlich unerwarteter Weise anders weiterentwickelt werden, als der Hörer glaubt. So ist dieses Spannungsverhältnis zwischen Bekanntem – dem Formelwesen der abendländischen Musik – und Unbekanntem, den Abweichungen, die der Komponist bietet, das Lebenselement unserer Musik schlechthin.

Doch der Hörer will nun in zunehmendem Maß nur das schon Bekannte hören. Wenn wir überlegen, in welche Konzerte wir gehen wollen, und wir wirklich mit uns ehrlich sind, wird sich herausstellen, daß wir meistens dann in ein Konzert gehen, wenn uns mindestens ein Stück gut bekannt ist; ist das nicht der Fall, erscheint uns das Programm irgendwie verdächtig, oder es interessiert uns überhaupt nicht. Das geht so weit, daß wir heute nur mehr selten ein Konzert mit unbekannten Werken von Mozart finden. Wo das Programm überhaupt eine Rolle spielt, will der Hörer also nur hören, was er schon kennt, und diese Einstellung findet in den Konzertprogrammen natürlich ihren Niederschlag.

Sind wirklich diese wenigen, immer gleichen Stücke, die von Tokio bis Moskau und Paris gespielt werden, das Beste, was sich als das Allein-Wichtige herauskristallisiert hat? Ich bin davon überzeugt, daß dies nicht so ist. Wenn wir hier eine Veränderung anstreben, können wir andrerseits auch Fehler machen, weil wir in der Beurteilung der Qualität viel zu tolerant sind. Wir neigen dazu, manche Stücke, die im Rahmen ihrer Zeit eine gewisse Rolle gespielt haben, aber von unserem heutigen Standpunkt aus diese Rolle nie wieder spielen können, nur wegen ihres Alters wichtig zu nehmen, und versuchen, dann einem Hörerkreis, der von vornherein dafür nicht disponiert ist, einzureden, welche Bedeutung ein solches Werk habe. Das ist zweifellos auch ein Irrweg.

Diese heutige Einstellung, daß man nur das Bekannte wieder hören will, ist dem wirklichen Musikhören völlig fremd. Musik, die malt und Situationen schildert, kann man freilich immer wieder hören, so wie man ein Bild immer wieder ansehen kann, eben weil es schildert. Wenn aber Musik das nicht tut, sondern erzählt, muß sie neu sein. Denn eine Erzählung kann man nicht mehrmals hören, jedenfalls nicht, wenn man aufmerksam zugehört hat. Genau das aber geschieht, wenn wir in ein Konzert gehen, in dem die Musik spricht, und wir lassen uns dasselbe noch einmal und noch einmal erzählen. Aber wir lassen uns von den Klängen berauschen und verführen. Wir wollen nur das Schöne – wir wollen nicht eine Wahrheit, eine Aussage übermittelt bekommen, und wir wollen auch gar nicht verändert werden. Doch diese Musik ist so wie die Literatur dieser bestimmten Epoche so moralisch gemeint, daß sie darauf angelegt ist, den Menschen zu verändern, und zwar geistig und körperlich. Diese ganz wesentliche Eigenschaft der Musik kann aber nur vom Musiker interpretiert werden, der sie versteht und dadurch dem Hörer begreifbar machen kann. Ich finde das »Museum der Musik« sollte uns in unserer Zeit nicht interessieren. Es müßte viel weiter gehen und Aspekt des Lebens sein. Das ist eigentlich das einzige Interessante, denn der rein ästhetische Kunstgenuß ist doch zuwenig.

ca. 1970

Über Authentizität und Werktreue

In den letzten zwanzig Jahren hat sich im Musikleben eine Richtung etabliert, die teils durch eigene Behauptungen, teils durch die Beurteilungen in der Kunstpublizistik mit dem Begriff *Authentizität* sozusagen von allen Seiten eingepackt wurde.

Wie kam es dazu, und wie interessant ist diese Richtung heute? – In den vergangenen Jahrhunderten abendländischen Musiklebens, ja des Kulturlebens überhaupt, war Authentizität derart selbstverständlich, daß sie überhaupt keine Rolle spielte, daß kein Mensch davon sprach, kein Mensch sie forderte, kein Mensch ihr Fehlen beklagte – sie war überhaupt kein Problem. Die Kunst war einfach da, als ein sehr wichtiger Teil des Lebens, auch als Spiegel der jeweiligen geistigen Situation, sie war echt-authentisch. Authentie bedeutet Echtheit, und zwar in zweierlei Hinsicht: erstens hinsichtlich der Wahrheit und Glaubwürdigkeit des Inhaltes einer Äußerung, zweitens aber hinsichtlich des

Ursprunges; in dieser zweiten Bedeutung, heute wohl der üblichen, hat die Authentie mit der Wahrheit nichts zu tun; eine authentische Äußerung kann die Wahrheit entstellen, andrerseits kann eine unterschobene Äußerung die Wahrheit berichten. – *Die authentische Auslegung etwa einer Schrift ist allein die, die der Verfasser selbst gibt.*

Da die Musik in früheren Zeiten primär durch den Komponisten selbst aufgeführt wurde – ich denke jetzt etwa an die Musik Monteverdis, Bachs, Mozarts, Beethovens –, war die *klingende Auslegung,* die ja jede Aufführung eines in Noten festgelegten Musikstücks darstellt, selbstverständlich authentisch. – Die Frage nach der Authentizität war auch bei der Aufführung durch andere Musiker uninteressant. Die Musik wurde als Sprache aufgefaßt, man verstand sie und reagierte darauf. Man fragte nicht danach, ob die Aufführung den Intentionen des Komponisten entsprach; sie mußte ihren Sinn erfüllen, sie wurde abgelehnt oder angenommen – ihre »Authentizität« war belanglos. – Natürlich kümmerten sich manche Komponisten darum, ihre Absichten so deutlich wie möglich zu fixieren, weil ihnen das Verständnis des Publikums sehr wichtig war (Bach bezüglich der auszuführenden Verzierungen, Mozart und Beethoven bezüglich der Tempi waren in dieser Hinsicht besonders genau, aber verpflichtenden Charakter hatten diese Vorschriften nicht).

Da auch dem Interpreten eine bestimmte Art von Wirksamkeit wichtiger war als die bloße Ausführung von Anweisungen des Komponisten, hatte man überhaupt keine Bedenken, eingreifende Änderungen am Werk vorzunehmen – wenn es dem Aufführungszweck entsprach. – So fügte man in Großwerke – wie Oratorien oder Opern – Arien anderer Komponisten ein. Man änderte die Instrumentation (besonders häufig bei den Symphonien Mozarts, wo man Oboen durch Klarinetten ersetzte, oder in den Oratorien Händels und Bachs, die man total uminstrumentierte. Auch die sogenannten »Retouchen« von Wagner und anderen an den Symphonien Beethovens gehören hierher). – All dies ist aus der Stellung der Musik in der Zeit verständlich und für mich viel eher ein Zeichen für die Aktualität und Lebendigkeit des Kulturlebens als eine verdammenswerte Einstellung den Autoren gegenüber. Die Werke lebten eben von Aufführung zu Aufführung.

Hier wäre zu fragen, ob es überhaupt so etwas wie eine Verpflichtung des Interpreten dem Autor gegenüber gibt. Diese Frage könnte in sehr unterschiedlicher Weise beantwortet werden: Man könnte seine Bewunderung für Meisterwerke der Vergangenheit ohne weiteres dadurch ausdrücken, daß man sie in ganz persönlichen Lesarten wiedergibt. (Eine solche Einstellung finden wir im Theater seit Jahrhunderten selbstverständlich. Kein Mensch dachte etwa im

18. Jahrhundert daran, die Dramen Shakespeares im Sinne des Autors aufzuführen. Eine diesbezügliche Erklärung in Goethes »Wilhelm Meister« zeigt uns, wie extravagant und exotisch man Werktreue-Ideen damals empfunden und aufgenommen hätte. Heute findet man von modernistischer Aktualisierung bis zu scheinbarer Authentizität eine reiche Palette vieler Möglichkeiten.) In der Musik war es ähnlich. Man führte die Werke der Vergangenheit nur sehr selten auf, tat man es doch (wie Bach / Palestrina, Mozart / Händel, Mendelssohn / Bach, Brahms / Schubert usw.), dann adaptierte und veränderte man nach Gutdünken, um das Werk für die Gegenwart akzeptabel zu machen. – In unserem Jahrhundert hat sich unter den Schlagworten »Werktreue« und »Authentizität« eine besonders subtile Art von Verlogenheit etabliert: Zuerst entfernte man die – nun wirklich nicht mehr zeitgemäßen – Retuschen und Änderungen, dann trocknete man – vielleicht in der Reaktion auf die schwülstigen, fast fiebrigen Scheinemotionen der Zeit vor der Jahrhundertwende – die Werke allein auf ihre in Noten festgeschriebene Substanz aus. Man meinte, die Zeilen selbst seien alles, zwischen den Zeilen gebe es nichts als willkürliche Hinzufügungen eitler Interpreten. Je mehr man die Reform zu einer moralischen Angelegenheit machte, desto verlogener geriet sie. Je »authentischer« man die Werke zu interpretieren behauptete, und dies wahrscheinlich sogar glaubte, desto weiter entfernte man sich vom

Eigentlichen, vom Sinn der Musik. Man glaubte das gereinigte Kunstwerk darzustellen und bot in Wahrheit einen ausgedörrten Leichnam. – Vielleicht betrogen und (leider muß ich sagen) betrügen sich gelegentlich noch immer Interpreten und Hörer gegenseitig: Beide beteuern, durch die Reinigung von Schwulst und Emotion zur wahren Substanz zu führen beziehungsweise zu gelangen; beide empfinden überhaupt nichts, da aber wohl alle im guten Glauben handeln, meinen sie, die anderen würden dies schon richtig aufnehmen, da sie dies ja beteuern – schließlich glaubt man der allgemeinen Beteuerung und läßt sich damit die eigene Leere anfüllen. Die vorhin aufgeworfene Frage nach einer Verpflichtung dem Komponisten gegenüber kann demnach *so* nicht beantwortet werden. Buchstabentreue ist nicht Werktreue, die Frage nach dem Sinn muß vor der Exekution von Vorschriften stehen. (Das sehe ich übrigens auch in allen anderen Lebensbereichen so: Ein Gesetz erfüllt man nicht, weil es da ist, sondern weil man seinen Sinn erkennt – im extremsten Fall: weil man dem Gesetzgeber vertraut und ihm glaubt, auch wenn man den Sinn nicht durchschaut.)

Ich sehe also durchaus mehrere Möglichkeiten für unsere Einstellung dem Komponisten gegenüber: Man kann jegliche Verpflichtung negieren, wenn der Komponist schon so lange tot ist, daß es keine wirtschaftlichen Ansprüche mehr gibt. Das Werk ist vorhanden, man kann es ignorieren, man kann sich damit befassen;

es gibt keine Instanz, die unsere Einstellung zu Werken der Vergangenheit zu beurteilen berechtigt ist. (Kunstkritiker müßten dies bedenken; sie sind nicht die Anwälte verstorbener Künstler. Zu beurteilen ist nur das, was hier und jetzt geschieht; der Anspruch und das Resultat.) – Man kann aber auch einen derart großen Respekt vor den Werken mancher Künstler haben, daß man *sich verpflichtet fühlt*, diese so weit wie irgend möglich zu verstehen. Man findet sie, so wie sie vor uns sind, wichtig; man ist von ihnen überzeugt, man will und kann sie dann nur so darstellen, wie man glaubt, daß sie gemeint sind. Dann sind technische Details – die das zentrale Anliegen der »Werktreue-Bewegung« sind – wieder nur mehr technische Details. Sie sind, für sich gesehen, wertlos, ihren Wert können sie aus dem Zusammenhang gewinnen, je nachdem, in welchem Ausmaß sie dieses Werkverständnis fördern.

Ich fühle mich dem Komponisten verpflichtet, daher versuche ich auf jede mir mögliche Weise an sein Werk heranzukommen, es zu verstehen. – Wenn ich dann bereit bin, ein Werk aufzuführen, ist mir jedes Mittel recht, das dieses Verständnis auf den Hörer übertragen kann. Normalerweise sollten es wohl jene Mittel sein, die *authentisch* zum Werk gehören – sonst hätte ich es ja mißverstanden. Es gibt also keine authentische Interpretation eines Werkes von Bach oder Mozart, authentisch kann für einen Interpreten nur das eigene Werkverständnis sein – und das wollen wir auch hoffen.

Dieser Komplex der Authentizität von *Interpretationen* (ein absurder Begriff, wenn keine autorisierende Instanz, etwa ein eingeweihter Anwalt des Komponisten, da ist) bringt mich zu den vielen Fragen, die die Gegenwart betreffen. Haben unsere Aufführungen wirklich, wie so oft gesagt wird, etwas mit dem zu tun, das mit der Ästhetik des Restaurierens von Kunstwerken zu vergleichen wäre? Die Frage ist bestechend und doch nur zum Teil zu bejahen. Zu jeder Zeit betrachtet man die Kunstwerke mit anderen Augen; man findet jeweils ganz verschiedene Aspekte typisch. Und so restauriert man auch. Ob man es will oder nicht, oder besser, stets mit dem guten Willen nach einer das ursprüngliche Werk wiederherstellenden Restaurierung, *transponiert* man doch das Werk der Vergangenheit in die Ästhetik der Gegenwart; jene Aspekte, die einem für den Künstler oder für die Epoche wesentlich erscheinen, werden unbewußt forciert. Der wesentliche Unterschied besteht allerdings darin, daß das Bildkunstwerk erkennbar da ist und im Prinzip so bleibt, wie es ist – die Interpretation erfolgt im Kopf des Betrachters. – Wir müssen natürlich, wie bei der bildenden Kunst, unsere Sicht der musikalischen Meisterwerke relativieren. Sie sind so groß, und sind ja deshalb Meisterwerke, weil sie den Menschen jeder Zeit etwas zu sagen haben – aber jede Generation sieht darin etwas ganz anderes. – Wie wurde Mozart von seinen Zeitgenossen verstanden und beurteilt … was erwartet man heute, wenn seine Werke aufgeführt werden; das eine ist sogar das Gegenteil vom andern. Ein Musikstück wird durch die Aufführung viel weitergehend interpretiert als ein Bild durch die Restaurierung: Es wird erst durch Interpretation erkennbar.

Zuletzt will ich noch eine Frage anschneiden, die mir besonders am Herzen liegt und die auch durch die Authentizitätsdiskussion ausgelöst wurde: Alle Probleme – wie Musik aufgeführt werden soll, ob man dem Autor verpflichtet ist, wie wichtig Werktreue ist, wie ähnlich Musizieren dem Restaurieren sei – zeigen uns, wie sehr heute die Musik dem Leben entfremdet ist. Wir reden darüber, wir theoretisieren über Probleme, wir fördern das Musikleben. Aus all dem können wir entnehmen, wie gefährdet die Kunst bereits ist. Hätte die Musik ihren selbstverständlichen Platz im Leben, wir würden nicht über diese Fragen sprechen, sie wären gelöst. – Ich glaube, wir haben an einem wichtigen Wegkreuz die falsche Straße gewählt: Technologie, Materialismus, logische Konsequenz. Sie haben sich wie Krebs in unseren Gehirnen ausgebreitet und die anderen Aspekte erstickt. Im alten Erziehungssystem gehörte die Musik zu den wichtigsten Fächern. Weil man mit musikalischen Kenntnissen keine Autos konstruieren oder Formulare ausfüllen kann, meint man, sie sei nur eine »schöne Kunst« und man könne sie aus der Erziehung entfernen. – Durch die unselige Konzentration auf das Praktische und die Vergötzung der sogenannten Arbeit hat der abendländische Mensch das Spielen verlernt; ja schlimmer, er verachtet es. Wir müssen unsere Erziehungssysteme neu durchdenken, bevor es zu spät ist. Ein Computer kann nicht musizieren, er kann auch nicht lieben.

Was ist Wahrheit?
Residenz Verlag, Salzburg – Wien, 1995

Warum immer Vibrato?

Die Probleme der Aufführungspraxis beziehen sich nicht nur auf Fragen der unmittelbaren Auslegung des Notentextes, sondern sehr weitgehend auch auf die viel schwieriger festzulegenden Probleme von Ausdruck und Affekt. Hier berührt sich Emotion und Technik.

Eines der wichtigsten Ausdrucksmittel – oder besser eine ganze Gruppe von Ausdrucksmitteln – wird mit dem Sammelbegriff Vibrato bezeichnet. In den letzten fünf oder sechs Jahrzehnten wurde dieses ungeheuer wichtige Detail im vokalen und instrumentalen Musizieren mehr und mehr automatisiert, durch übertriebene und permanente Anwendung entwertet und verarmt. In dem gründlich recherchierten Buch »Das Vibrato in der Musik des Barock« beschreibt Greta Haenen nicht nur die verschiedenen Vibratotechniken, sondern vor allem den Stellenwert des Vibratos, seinen affektgebunden und rhetorischen Wert und über seine Anwendung als Verzierung. Schon Leopold Mozart klagt in seiner berühmten und weitverbreiteten Violinschule über die ständige und gedankenlose permanente

Anwendung des Vibratos: »Es giebt schon solche Spieler, die bey ieder Note beständig zittern, als wenn sie das immerwährende Fieber hätten.«

Es ist unbedingt notwendig, den Musikern eine möglichst umfassende Sammlung aller erreichbaren Kenntnisse über das Vibrato zu vermitteln über die elementaren Unterschiede seiner Verwendung heute und in der Vergangenheit. Nur wenn man weiß, wo und warum man zu einer bestimmten Zeit, in einem bestimmten kulturellen Umfeld für ein bestimmtes Werk diese oder jene Art von Vibrato einsetzt, kann man heute adaequate interpretatorische Entscheidungen treffen. Es geht ja gar nicht darum, einem Musiker von heute Vorschriften zu machen, wie er Musik des 17. oder 18. Jahrhunderts interpretieren soll; es geht darum, daß man zu einem adaequeten Werkverständnis nur kommen kann, wenn man neben den kulturgeschichtlichen Voraussetzungen möglichst alle Komponenten der Aufführungspraxis kennt und versteht. Auf dieser Basis des Werkverständnisses ist erst eine verantwortungsvolle persönliche und unserer Zeit entsprechende Interpretation möglich.

Ich hoffe, daß sich bald mehr Musiker unter den Wissenschaftlern befinden um herauszufinden, was einerseits der Praktiker dem Musikwissenschaftler, und was andrerseits die Musikwissenschaft der Praxis bieten könnte. Diese Art von Konfrontation ist meines Erachtens sehr wichtig, ja sie müßte eine bedeutende Rolle spielen in der Sinngebung der Musikwissenschaft überhaupt, da diese Wissenschaft – anders als jede Andere wohl – eben nicht für sich allein bestehen kann: sie braucht die Verbindung zur Praxis.

Ich habe leider in meinem Musikerleben, in dem ich eine offenbar nicht vorgesehene Zwischenstellung zwischen den beiden Polen Praxis und Wissenschaft einnehme, sehr oft erleben müssen, wie viele Resultate der Musikwissenschaft die Ahnungslosigkeit, ja oft sogar Interesselosigkeit ihrer Autoren in den Fragen des praktischen Musizierens dokumentierten und dadurch auch wissenschaftlich entwertet wurden; aber ich habe ebensooft erlebt, wie hervorragende Musiker sehr wichtige und folgenreiche Ergebnisse der Musikwissenschaft ignorieren, weil sie dem häufig praxisfremden und gelegentlich sogar praxisfeindlichen Wissenschaftler keine relevanten Aussagen zutrauen.

Vorwort für ein Buch von Greta Haenen

Von den Wurzeln der abendländischen Musik zur Revolution um 1600

Ein Vortrag für einen Kreis geistig Interessierter in Wien, geschrieben um 1965

Die Wurzeln der christlich-abendländischen Kultur sind, wie die aller Hochkulturen, in den älteren, schon ausgebrannten benachbarten Kulturen zu finden. Von dort übernommene Elemente werden mit ganz neuen Augen gesehen und umgeformt, sie werden zum völlig neuen echten geistigen Besitz der jungen aufstrebenden Kräfte. Ich möchte, soweit dies möglich ist, alle Randgebiete ausklammern und mich jetzt ausschließlich mit der abendländischen Musik befassen, mit ihrem Ursprung, ihrer Besonderheit und mit ihrer jahrhundertelangen vielen Wechselbeziehung zu asiatischen und afrikanischen Kulturen.

Das Besondere, Einmalige, was die abendländische Musik von jeder anderen Musik auch der hochstehendsten Kulturen unterscheidet, ist die Mehrstimmigkeit.

Auch die reich instrumentierten chinesischen, japanischen, indischen Instrumentalwerke, so bunt und vielfältig sie klingen mögen, sind im Grunde einstimmig. Alle Stimmen bewegen sich parallel zur Melodie in Oktaven, manchmal auch in anderen Intervallen; eine scheinbare Mehrstimmigkeit entsteht manchmal dadurch, daß manche Musiker die Melodie nur ganz einfach wiedergeben, andere mit anderen Instrumenten dieselbe Melodie zugleich reich verziert ausführen, das ändert aber nichts an der Tatsache, daß es sich eben nur um einstimmige Musik handelt.

Wieso es gerade in Europa, wahrscheinlich in irgendeinem spanischen oder französischen Kloster des 11. Jahrhunderts dazu kam, daß mehrere Musiker ganz verschiedene Stimmen zugleich musizierten – verschiedene Stimmen, die aber durch ein kompliziertes Ordnungssystem in eine geistig und gehörmäßig erfaßbare Beziehung zueinander gebracht werden mußten –, das wird wohl für alle Zeiten ungeklärt sein, ist aber nichtsdestoweniger eine unvorstellbare geistig-künstlerische Leistung. – Ich kann mir vorstellen, daß diese Andersartigkeit gegenüber allen anderen Kulturen ihre tiefste Wurzel im christlichen Gottesbegriff hat, der sich von allen anderen ganz wesentlich unterscheidet. Der persönliche, aber allgegenwärtige Gott, der dreifaltige Gott, der Gottessohn Christus, der barmherzige und liebende Gott – diese Durchdringung des gesamten Lebens mit diesem Gottesbegriff kann in der abstraktesten aller

Künste ihren Ausdruck gefunden haben, in der Aufspaltung des bisher nur in zwei Dimensionen, in Tonhöhe und Zeit bestehenden Klanges in die dritte Dimension der Vielstimmigkeit. Alles, was Odem hat, lobet den Herrn. Ich kann mir vorstellen, daß das erste Erlebnis der Vielstimmigkeit einen religiösen Rausch ausgelöst haben kann oder auch einer Ekstase entsprungen ist.

Was war nun das musikalische Material, das die unverbrauchten Kräfte der Mitteleuropäer am Beginn der christlich-abendländischen Kultur vorfanden? Einmal auf kirchlichem Boden der Choralgesang. Der frühchristliche Choralgesang ist keine christliche Neuschöpfung. Viele Quellen, besonders der hebräische Tempelgesang, aber auch griechische, strömten hier zusammen. An den verschiedenen Hauptkirchen entstanden verschiedene Schulen und Singweisen, bis nach den Reformen Papst Gregors des Großen der römische Choralgesang für die ganze Kirche verbindlich wurde. Nun ist ein wesentliches Element des Choralgesanges, auch des gregorianischen, wohl für alle Zeiten in Vergessenheit geraten: nämlich der Rhythmus. Das liegt an der äußerst ungenauen Aufzeichnung durch die frühen Notenzeichen, die keinen Rhythmus ausdrücken. So vererbt sich die rhythmische Singweise von einer Generation auf die andere, bis sie schließlich in Vergessenheit geriet. Alle heute praktizierten Arten, gregorianischen Choral zu singen, basieren, was den Rhythmus betrifft, auf Hypothesen.

Als aber, inspiriert von der Melodik des Chorals, die Mehrstimmigkeit geschaffen worden war, mußte man die Notation reformieren und genauer festlegen, da ja die Gleichzeitigkeit mehrerer Stimmen einen genauen zeitlichen Ablauf erfordert. – Und die hier fast plötzlich auftretenden Rhythmen waren von einer Kompliziertheit und einer Raffinesse, daß es einem schwerfällt, sich hier eine völlige Neuschöpfung vorzustellen ohne Vorbilder, ohne Tradition. – Und diese Tradition wird wohl im zweiten Hauptgebiet der Musik liegen, in der weltlichen Musik, was damals gleichbedeutend war mit Tanzmusik. So groß und befruchtend immer wieder der Einfluß dieser niedrigen Musik auf die hohe Kunstmusik war, so waren doch, beinahe das ganze Mittelalter hindurch, diese Musiker, die übrigens nach den Beschreibungen in der damaligen Literatur über ein enormes Können verfügt haben müssen, gesellschaftlich und religiös geächtet. Sie waren im Kirchenbann, hatten keine rechtlichen Möglichkeiten, waren also vogelfrei. – Das dürfte wohl seinen Grund darin haben, daß wenigstens anfangs ein Großteil dieser Musiker, Gaukler, Feuerfresser und was sie nicht alles gewesen sein mochten, Asiaten und Afrikaner und gar keine Christen waren. Das ist auch die plausibelste Erklärung für die Tatsache, daß *sämtliche* abendländischen Musikinstrumente orientalischen oder maurischen Ursprungs sind.

Was diese Musiker mit ihren Lauten, Flöten, Fiedeln, Trommeln und anderen Instrumenten spielten, wissen wir nicht. Diese Melodien vererbten sich von einem auf den anderen und wurden niemals aufgezeichnet – einmal, weil diese Musiker über keine Notenschrift verfügten, aber auch, weil das dem improvisatorischen Charakter dieser Musik widerspricht. Eine Ahnung von dieser Musik kann uns vielleicht heute noch die Volksmusik in Katalonien, in Nordafrika, in Ägypten, in Kleinasien oder auf dem Balkan geben. Der jahrhundertelange kulturelle Stillstand in diesen Ländern hat gewisse Formen des Lebens, besonders aber die Musik und die Musikinstrumente in völlig unveränderter Form erhalten. So kann man dort heute die Urformen der abendländischen Musikinstrumente ebenso studieren wie die Urformen so mancher musikalischer Praktiken. – Jedenfalls kann man mit Sicherheit annehmen, daß die einstimmigen Tänze, die die wandernden Gaukler im Mittelalter spielten und zu denen sie ihre grotesken Tänze machten, rhythmisch ebenso raffiniert und synkopenreich waren, wie es heute die nordafrikanischen und kleinasiatischen Tänze sind und wie es auch die frühe mehrstimmige Musik ist. Interessant ist in diesem Zusammenhang, daß für die mehrstimmige Musik von Anfang an Instrumente herangezogen wurden, während das beim Choralgesang nicht der Fall war.

Eine der radikalsten Umwälzungen in der Musikgeschichte vollzog sich um 1600. Hier wurde plötzlich die geheiligte Ordnung der abendländischen Musik durch einen bizarren Kreis von einflußreichen Altertumsforschern oder, besser gesagt, vermeintlichen Altertumserneuerern in Frage gestellt. Bis dahin war die geistliche und weltliche Musik, waren die Motetten und Madrigale prinzipiell *mehrstimmig*, gelegentlich *homophon*, in der Hauptsache aber *polyphon* in durch imitierendem kontrapunktischen Stil geschrieben. Der Text war meist unverständlich, weil die Worte von den verschiedenen Stimmen nicht gleichzeitig erklangen. Er war auch keineswegs die Hauptsache; das eigentliche Kunstwerk war die raffinierte Relation der einzelnen selbständigen Stimmen zueinander, das komplizierte polyphone Gebilde.

Nun wurde plötzlich, von einem primär historisch orientierten Kreis in Florenz, der »Camerata« der Grafen Bardi und Corsi, behauptet, man habe die einzig wahre Musik entdeckt. Das griechische Drama, Zentrum der »Forschungsarbeit« jenes Kreises, sei im Altertum melodramatisch, gesungen, aufgeführt worden, und weil ja alles, was die alten Griechen kulturell gemacht hatten, als unübertreffbares Vorbild betrachtet wurde, behauptete man radikal, das »Melodramma«, die Monodie, sei die einzig richtige Musik. Doch damit nicht genug, man stellte sofort strenge Regeln auf (etwa Caccinis »Le Nuove Musiche«), nach denen einzig die Poesie Herrin der Musik sei, nach denen nur bestimmte Texte – die den klassischen Dramen und Hirtenspielen nachgebildet waren – würdig zur Komposition waren, und schließlich verdammte man die gesamte damals gültige polyphone Musik als barbarisch und textzerstörend. Im ganzen war es die radikale Zerstörung dessen, was man bis dahin Musik nannte – vergleichbar, aber noch viel radikaler, der Auslöschung der Tonalität durch die Zwölftonmusik Schönbergs im 20. Jahrhundert.

Heute muß es uns aufs höchste erstaunen, wie man eine hochentwickelte, reiche und in höchster Blüte stehende Musik, wie es die Madrigal- und Motettenkunst damals war, einfach wegwerfen, zerstören wollte, um das Phantom des rezitierenden Gesanges als einzig wahre Musik zu etablieren. Die Propagandaschriften der Camerata und ihrer bald zahlreichen Anhänger zeigen uns, mit welch revolutionärem Elan man am Werk war. Die Dogmen der neuen Richtung waren bei weitem strenger als die strengsten Regeln des traditionellen Kontrapunktes. Die »Neue Musik« sei prinzipiell einstimmig, die Sprachmelodie bestimme das Melos, der begleitende Baß (Basso continuo) dürfe nur einfache Harmonien beisteuern, um bestimmte Worte hervorzuheben, aber niemals »musikalisch« Aufmerksamkeit erregen. Ein größerer Gegensatz als der zwischen der damals traditionellen Musik und der neuen Monodie ist nicht denkbar, es ist die wohl radikalste Revolution in der abendländischen Musikgeschichte.

Nun wäre aber das zu zerstörende Alte allzu stark und das als das einzig Wahre gepriesene Neue allzu schwach gewesen, um aus Eigenem eine entscheidende Umwälzung zu bewirken, wenn nicht das größte musikalische Genie der Zeit, Claudio Monteverdi, die zukunftsweisenden Möglichkeiten der neuen Richtung erkannt hätte. Er dachte gar nicht daran, die bedeutenden Errungenschaften des Alten Stils aufzugeben, aber er fand Wege, die neuen Ideen des Sprechgesanges zum dramatischen Rezitativ und zur Arie zu formen, und wurde so zum eigentlichen Schöpfer der Oper. Dabei vereinigte er alle damals bekannten Formen von Vokal- und Instrumentalmusik mit den zukunftsträchtigen Grundideen der Florentiner Reformer, ohne sich durch deren Dogmen irritieren zu lassen.

Die richtige Ausführung des neu erfundenen dramatischen Sologesanges wurde von Anfang an sehr genau beschrieben. Es hatte ja bis dahin ausschließlich mensurierte mehrstimmige Musik gegeben; jetzt wurde plötzlich vom Sänger verlangt, nur von der Sprache auszugehen (»... wegen der jetzigen Gewohnheit und styli im Singen da man componieret und singet, gleichsam, als wenn einer ... daher recitirte ...«). Dieser Sprechgesang (die Monodie) wurde ungefähr nach dem Sprachrhythmus und der Sprachmelodie notiert, wobei aber immer wieder darauf hingewiesen wurde, daß es hier keinen Takt, sondern eben nur die Sprachbetonungen gebe und daß die Notation im 4/4-Takt eine lediglich orthographische Notwendigkeit darstelle. Für dieses singende Sprechen (recitar cantando), durch das Ausdruck und dramatische Überzeugungskraft der *Sprache* gesteigert werden sollten, mußte eine gemäße Begleitart gefunden werden. Jeder musikalisch anspruchsvolle Baßstimme, etwa im Sinne einer Gegenstimme zur Gesangslinie, würde ja von der Sprache ablenken, gleichsam die musikalische Seite – im Sinne der neuen Idee ungebührlich – verstärken. So wurde eine einfache akkordische Art des Begleitens üblich. Diese Art der Gesangsbegleitung war die vorerst wichtigste Aufgabe des »Generalbasses«. In diesem Stil ist sowohl die Ausführung der Gesangsstimme (vor allem rhythmisch) als auch die des Generalbasses (Wahl des Instrumentes, der Akkorde, des Rhythmus) auf vielerlei verschiedene Art im Sinne des Komponisten möglich.

Für die Begleitung dieser Rezitative gab es sehr genaue Ausführungsvorschriften, an die sich auch Monteverdi hielt; es durften nur Lauten, Cembalo, Orgel oder ähnliche Instrumente verwendet werden. Ein den Baß verstärkendes Cello kam nur dann in Frage, wenn die Baßlinie bedeutend hervorgehoben werden sollte. Lediglich besondere Situationen durften durch besondere Instrumentation herausgehoben werden. Diese sparsame Begleitung war auch technisch notwendig, weil der rezitierende Gesang frei, also ohne strengen Rhythmus und vor allem ohne das skandierende Metrum schwerer und leichter Taktteile, auszuführen war. Es war eine der wichtigen Neuerungen des Übergangs der Musik vom 16. zum 17. Jahrhundert, daß plötzlich die Außenstimmen (Oberstimme und Baßlinie) eine viel größere Bedeutung erhielten als das, was dazwischen liegt. Damit besteht nun die eigentliche Komposition in der Erfindung der Außenstimmen, und alles übrige kann und muß der Continuospieler selbst frei improvisierend bestimmen. Diese notwendige schöpferische Bearbeitung gehörte aber nicht zum »Werk«, sondern zur Aufführung. Diese Teilung in Werk und Aufführung war ein wesentlicher und neuer Aspekt der damaligen Musik.

Von Monteverdis Opern sind neben »L'Orfeo« nur noch »Il Ritorno d'Ulisse in Patria« und »L'Incoronazione di Poppea« erhalten. Das erste Werk schrieb er 1607 in Mantua, die beiden letzten 1640 und 1642 in Venedig. Nur das »Lamento d'Arianna« (eine kurze Opernszene, die Monteverdi in zwei verschiedenen Madrigalversionen veröffentlicht hatte) und das kurze »Combattimento di Tancredi e Clorinda« lassen uns die Entwicklung des dramatischen Stils von Monteverdi in dieser Zeit ahnen. In diesen dreiunddreißig Jahren vollzog sich die geschichtliche und musikgeschichtliche Wende von der Renaissance zum Barock. So ist es kein Wunder, wenn die Unterschiede zwischen der ersten und den beiden letzten Opern Monteverdis extrem groß sind – sie sind tatsächlich weit größer, als man es bei Werken derselben Gattung und von ein und demselben Komponisten erwartet. Für die Chöre seiner ersten Oper, »L'Orfeo«, benützte Monteverdi das alte vielstimmige Madrigal, dessen unerreichter Meister er war und blieb. In der Instrumentation ließ er sich vom überreichen Orchester der Intermedien (musikalischer Zwischenspiele zu Theaterstücken) inspirieren.

Hier wurde alles aufgeboten, was es damals an Klängen gab: Sämtliche Arten von Streichinstrumenten, wie Violinen, Gamben, Lyren, eine Vielzahl von Lauten und gitarreähnlichen Zupfinstrumenten, die mit Darm- oder Metallsaiten bespannt waren, Cembali, Virginale, Harfen, verschiedene Arten von Orgeln, Regale und ein enormes Blasorchester von Block- und Querflöten, Schalmeien vom Diskant bis zum Baß, Zinken und alle Arten von Blechblasinstrumenten. Diese Vielfalt an Klängen ist für heutige Begriffe kaum vorstellbar, sie übertrifft bei weitem die des spätromantischen Sinfonieorchesters. Monteverdi war der letzte, der in seinem »Orfeo« dieses Orchester benutzte.

In »Il Ritorno d'Ulisse in Patria« und »L'Incoronazione di Poppea« herrscht eine völlig andere Klangwelt: Das bunte Intermedienorchester ist verschwunden, stattdessen gibt es ein Begleit-(Continuo-)Orchester auf der Basis einer Streichergruppe mit wenigen Blasinstrumenten und einigen Akkordinstrumenten für die Rezitativ- und Arienbegleitung.

In »Ulisse« und »Poppea« sind die musikalischen Schwerpunkte, die bei »L'Orfeo« noch in den Madrigalen lagen, bereits endgültig aufgehoben oder, besser gesagt, verlagert. Monteverdis Anliegen ist immer die optimale Wirkung des Wortes; die Musik darf niemals davon ablenken, niemals Selbstzweck sein. Das gilt natürlich auch für jede Verzierung, die jeweils nur zu legitimieren ist, wenn sie das entsprechende Wort mit dem ihm zukommenden Inhalt ausdeutet, untermalt und verstärkt. Etwa »un mar di pianti« (Ein Meer von Klagen) auszuzieren macht nur Sinn, wenn darin das Feuchte spürbar wird. Im Grunde besteht die größere Kunst darin, die notierte Melodie durch unterschiedliche Farben zu interpretieren. Es ist kein Wunder, daß der neue Stil der persönlichen Emotionen, der grandiosen gebändigten Formlosigkeit gerade in Italien entstanden ist. Von allen europäischen Nationen haben die Italiener das extrovertierteste Temperament, südliche Diskussionsfreude und eine herrliche Sprache, die nahezu Gesang ist. Monteverdi hat seinen Landsleuten sehr genau zugehört.

Der »Ulisse« ist also weit entfernt von der musikalisch reichhaltigen Madrigaloper »L'Orfeo«, die originalen Untertitel der beiden Werke treffen genau den Kern des Unterschieds: »L'Orfeo« wird als »Favola in musica«, »Ulisse« aber als »Dramma in musica« bezeichnet. Natürlich kann es in diesen Opern keine Arien geben, überhaupt keine abgeschlossenen Musikstücke, da sie ja den Hauptzweck, die optimale Wirkung der Dichtung, nur stören würden. Im »Ulisse« geht Rezitativartiges und Arioses nahtlos ineinander über. Aber ebensoweit wie von »L'Orfeo« ist unser Musikdrama auch von der eigentlichen barocken Arienoper entfernt, die schon wenig später in Mode kam. Hier war der jeweilige Sänger Attraktion und Angelpunkt zugleich; das

Wort, die dramatische Handlung verlor immer mehr an Bedeutung. Diese Art der Barockoper mit ihren abgeschlossenen Nummern und Arien wurde dann schon nach wenigen Jahrzehnten zu einer reformbedürftigen Musikrevue.

Man hat die Form, in der beide Spätopern Monteverdis überliefert sind, häufig als skizzenhaft bezeichnet; die Gesangsstimmen sind komplett, dazu eine Baßlinie mit gelegentlichen Ziffern. Es gibt einige Notizen, wie »Violini« oder »tutti gli stromenti«, an Stellen, wo nur Gesang und Baß notiert sind. Diese Schreibart sollte man nicht als skizzenhaft bezeichnen; sie fixiert das Werk, die Komposition. Uns bleibt die Frage nach der adäquaten Aufführung.

Vielleicht kann eine kleine geschichtliche Umschau die Voraussetzungen klären helfen: Die Manuskripte sind wohl kaum für Aufführungen verwendet worden; wenn sie auch Gebrauchsspuren tragen, so stammen diese viel eher von Schreibarbeiten und gelegentlichem Blättern als von wochenlangen Proben und Aufführungen. Es gibt in Venedig noch zahlreiche andere »Partituren« von Opern der Mitte und der zweiten Hälfte des 17. Jahrhunderts; die meisten von ihnen sind ähnlich angelegt. Einige enthalten Notizen über Orchestrierung, bei einigen gibt es an manchen Stellen leere Zeilen zwischen dem Gesang und dem Baß, manchmal mit ein paar Noten etwa im ersten Takt einer Arie. Es fällt auf, daß keine Aufführungsmaterialien vorhanden sind; mindestens mehrere Continuostimmen, Noten, aus denen die Sänger studierten, sowie Orchestermaterial wären selbst für die einfachsten Aufführungen damals unbedingt erforderlich gewesen.

Auch in Frankreich wurden von der Mitte des 17. bis zur Mitte des 18. Jahrhunderts Opernpartituren in ähnlicher Weise geschrieben und gedruckt. Hier gibt es aber zahlreiche erhaltene Orchesterstimmen, aus denen man erkennen kann, daß die Instrumentation Sache der Aufführung war. Daher unterscheiden sich auch die verschiedenen Aufführungsmaterialien ein und desselben Werkes oft erheblich in Instrumentation und Stimmführung. Was in Frankreich von der Mitte des 17. bis in die Mitte des 18. Jahrhunderts üblich war, scheint in Italien nur für die Spanne des zweiten Drittels des 17. Jahrhunderts zu gelten. Daß die französischen Aufführungsmaterialien erhalten sind und die italienischen nicht, könnte auf einer unterschiedlichen Berufsauffassung der Kapellmeister beruhen. Den Franzosen war es offenbar unwichtig, ob ihre Versionen überliefert wurden oder nicht, die Italiener hingegen scheinen ihre Ideen eifersüchtig gehütet zu haben, so haben sie wohl alles Material nach den Aufführungen vernichtet.

Der Sinn der sehr einfachen Notation dieser »Opernpartituren« ist leicht zu erkennen. Die Oper war am Anfang des 17. Jahrhunderts noch eine sehr junge Gattung, die vor allem an kunstbeflissenen Höfen schnell Mode wurde, und es entwickelten sich an verschiedenen Orten ganz spezifische Stile und Aufführungsarten. Überall wurden Opernhäuser gebaut, jeder bessere Fürstenhof richtete eine Oper ein, in Venedig wurden die ersten rein kommerziellen Opernunternehmen gegründet. An jedem dieser Häuser wollte man dieselben erfolgreichen und berühmten Stücke spielen, jedoch unter sehr unterschiedlichen Voraussetzungen. Maximale orchestrale und technische Möglichkeiten hatte man etwa am Kaiserhof in Wien, während manche der venezianischen Opernunternehmen sehr sparen mußten. War ein Komponist daran interessiert, seine Werke an mehreren Orten aufführen zu lassen, so mußte er sie so niederschreiben, daß sie der jeweilige Kapellmeister seinen lokalen Verhältnissen anpassen konnte; daher war es wichtig, soviel wie möglich offenzulassen. Es konnte also dasselbe Werk an einem Hof mit reichem Orchester in prunkvollem Klanggewand erscheinen, an einem anderen Ort aber nur mit den notwendigsten Begleitstimmen ausgestattet sein. Wesentlich dabei war, daß es sich nur um das Klanggewand handeln durfte und nicht um einen entscheidenden Eingriff in die Komposition, sozusagen lediglich um eine verschieden reiche Ausführung des Basso continuo. Das Werk ist daher auch in seiner einfachsten Realisation vollständig.

Diese große Freiheit des ausführenden Musikers, selbst gestaltend in das Werk eines Komponisten einzugreifen, findet eine Erklärung in folgender Überlegung:

Der Komponist als schöpferischer Künstler wurde im 16. und 17. Jahrhundert längst nicht in dem Maße glorifiziert, wie dies seit dem 19. Jahrhundert der Fall ist. Wir können dies in allen Künsten beobachten; selbst die größten Maler haben ihre Bilder früher häufig nicht signiert, sie haben oft nur die Entwürfe selbst gemacht und überließen die Ausführung dann ihren Werkstattgehilfen. Man muß vielleicht die Arbeit eines Komponisten wie Monteverdi, der zeitweise viele Schüler hatte, so sehen, daß er das Gesamtkunstwerk mit dem Librettisten besprochen und die ihm wichtig erscheinenden Phasen selbst ausgeschrieben hat, während er den Rest nur skizzierte und etwa seinem berühmtesten Schüler, Francesco Cavalli, zur Fertigstellung überließ. An dieser Werkstattsituation kann man erkennen, daß dem Komponisten manche Details der Ausführung seines Werkes nicht so wichtig waren. So kommen wir also wieder zu dem Schluß: Der Bearbeitende, der selbst mitgestaltend Ausführende ist zur Realisation dieser Werke unbedingt notwendig.

Ein weiterer nicht unwichtiger Punkt zur Erklärung der gerüstartigen Notation der überlieferten Werke ist die gesellschaftliche Situation der damaligen Künstler. Es gab um diese Zeit ja kein Urheberrecht – jeder Komponist mußte gewärtigen, daß ihm wichtige und schöne Gedanken von einem anderen gestohlen und dann publiziert wurden. Sie versuchten sich möglicherweise gegen solche Raubdrucke zu schützen, indem sie ihre

Ideen nicht allzu genau niederschrieben. Für diese Erklärung spricht der Umstand, daß »L'Orfeo«, der in einem vom Komponisten autorisierten *Druck* erhalten ist, ausführlich notiert erscheint. Die Spätopern sind hingegen nicht gedruckt worden. Der Librettist des »Ulisse« meinte schon wenige Jahre nach der Uraufführung, man könne diese Oper nicht mehr spielen, weil der Meister gestorben sei, der als einziger genau wußte, wie sie aufzuführen sei. Ein neues Arrangement zu machen, würde allzu kostspielig und mühsam sein. Warum sollte eine solche Schwierigkeit bestanden haben, wenn die beiden Zeilen der Partitur (Gesangsstimme und Baß) wirklich schon die vollständige Oper wären. Ich meine, die Schwierigkeit lag darin, daß der Komponist in diesem Fall mit dem Ausführenden identisch war. Er konnte die Instrumentation und Aufführungsweise ad hoc autoritativ bestimmen.

Der 5. Oberton

Rede anläßlich der Verleihung des Ehrendoktorats der Musikuniversität Mozarteum am 26. Jänner 2008 in Salzburg

Tausende Jahre haben die Menschen Musik gemacht nur mit dem ersten, zweiten und dritten Oberton; daraus wurden die Skalen für die Musik gebildet. Alles war perfekt und wunderschön, und es gab keinen Streit. Der Pythagoras hat schon gewußt, warum er in der Musik nur bis zum dritten Ton, der Quinte, ging, das ergibt so herrliche Tonleitern, so wunderschöne Melodien, mit lauter gleichen großen Ganztönen und kleinen Halbtönen – perfekt! Allerdings nur für prinzipiell einstimmige oder heterophone Musik.

Da, irgendwann vor weniger als tausend Jahren, entdeckten unsere Vorgänger den fünften Oberton, die Terz!! Diese Schönheit! 4, 5, 6 – ein Dreiklang, wie er bis dahin unerhört war. Diese Sinnlichkeit, das geht ja unter die Haut – wie konnten wir tausende Jahre auf so etwas verzichten! (Die alte Pythagoreische Terz war ja nur in der Melodie zu gebrauchen, gleichzeitig gespielt eine scheußliche Dissonanz!)

Aber, wie jede, jede, jede tolle Errungenschaft: Dieser prachtvolle fünfte Ton (die Terz!) schmeißt unser ganzes perfektes Tonsystem über den Haufen; nichts paßt mehr zusammen, wenn wir diesen fünften Ton perfekt haben wollen. (Es gab ja nur Perfektes bis dahin!)

Für diese schöne neue Terz müssen wir biegen und brechen; unsere bisher perfekten Quinten bis fast zur Unerträglichkeit verkleinern. Trotz der perfekten Terzen schaffen wir keine perfekten Dreiklänge, weil wir ja die vier Quinten, die zu den Terzen führen, verkleinern mußten. Man wählte jetzt »Mitteltönig«: die Tonart der perfekten Terz – der fünfte Ton hat gesiegt.

Da ist nun alles falsch (vornehm nennt man falsch jetzt »temperiert«) außer der geliebten Terz. Und »Mitteltönig« ist eindeutig, so wie »Pythagoreisch« eindeutig war. Eine Melodie, pythagoreisch gespielt, gefällt jedem, ohne Diskussion. Eine mitteltönige Stimmung wirkt korrekturbedürftig, mindestens gewöhnungsbedürftig. Für ein paar hundert Jahre ging das gut. Ob die Geiger und Sänger jammerten, ist nicht überliefert.

Schließlich wollten wir noch mehr, am liebsten alles: entdecken das »Zurechthören« des Falschen, und »temperieren« jeden Ton. (Geringfügig temperierte Töne werden zurechtgehört und als rein empfunden.) Jetzt gibt's nur mehr die Oktave unangetastet, alle Töne sind »temperiert«, also falsch, die vielen so gebauten Stimmungen nennt man »wohltemperiert«, weil die Fehler erträglich sind; die heute übliche gleichmäßig temperierte Stimmung ist nur eine davon.

Die Moral der reinen Intervalle ist allerdings beim Teufel. Alle Musiker und Kritiker (als Vertreter der Hörer) äußern Meinungen zu diesem Fragenkomplex, in der Regel inkompetent. Wenn schon alles richtigerweise »falsch« sein muß, dann bitte auf akademischem, das heißt, universitärem Niveau!

Was hat uns also dieser fünfte Ton gebracht außer unendlichen Scherereien, Streitereien beim Einstimmen der Orchester – daraus resultierend Feindschaften fürs Leben: Er hat uns die abendländische Musik gebracht, die echte Mehrstimmigkeit, die Weltmusik, unsere herrliche Kunst.

Der Preis war nicht zu hoch.*

* Anmerkung der Herausgeberin: Zur Erklärung und Erweiterung des Wissens um die Frage des 5. Obertons würde ich empfehlen den folgenden Text über die Tonsysteme zu lesen.

Von der »Mitteltönigkeit« zur »Wohltemperierten Stimmung«

Als man die so wohlklingende Naturterz und damit den Dur-Dreiklang als Basis unseres Tonsystems gefunden hatte, entstanden zahlreiche Fragen, wie die dabei entstehenden Intonationsprobleme auf den verschiedenen Instrumenten gelöst werden sollten. Allein die Naturblasinstrumente (Hörner und Trompeten) waren perfekt für das neue Prinzip gerüstet. Für die Tasteninstrumente (Orgel, Clavichord und Cembalo) mußte ein Stimmungssystem gefunden werden, das möglichst mit zwölf Tönen pro Oktave die neue terzenreine Intonation ermöglicht. Dieses System wurde mit der »mitteltönigen Stimmung« gefunden. Ihr entscheidendes Prinzip ist, daß die großen Terzen *absolut rein* sein müssen, auf Kosten der anderen Intervalle. (Wir haben uns ja darüber klar zu sein, daß es auf einem Tasteninstrument keine »reine« Stimmung geben kann, daß jedes System bestimmte Intervalle bevorzugt, auf

Kosten der anderen.) In der mitteltönigen Stimmung gibt es keine enharmonische Verwechslung, weil jeder Ton eindeutig ist: etwa ein Fis ist als Ges nicht umzudeuten. Um so eine terzenreine Stimmung zu erzielen, müssen sämtliche Quinten stark verkleinert werden; dies ist der Preis, der für die reinen Terzen bezahlt werden muß.

Die mitteltönige Stimmung

∿∿∿ verkleinerte Intervalle
- - - - vergrößerte Intervalle
—— reine Intervalle

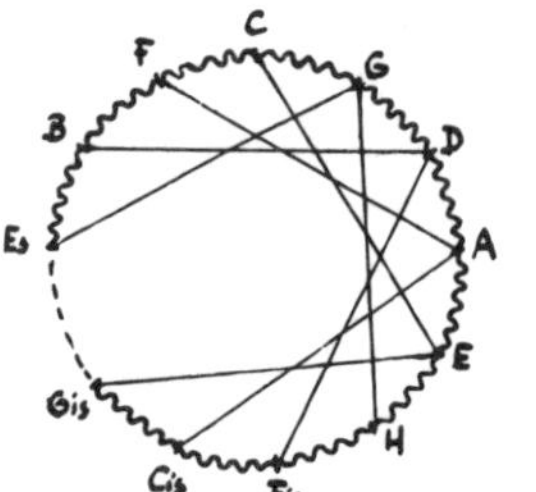

Sämtliche Quinten von es bis gis sind um 1/4-Komma verkleinert. Übrig bleibt die viel zu große, musikalisch unbrauchbare Wolfsquinte (gis–es), eigentlich eine verminderte Sexte.

Alle angezeichneten Terzen sind rein.

Alle übrigen Terzen sind viel zu groß, unbrauchbar. Der Quintenzirkel kann nicht geschlossen werden.

Merkwürdigerweise hört man in einem Dreiklang, dessen Terz rein ist, die Quinte kaum, weil sie durch die Terz unterteilt ist. Die Stimmung heißt mitteltönig, weil die große Terz (etwa c–e) genau in der Mitte (durch das d) geteilt wird und nicht wie in der Obertonreihe im Verhältnis 8:9:10 (dort gibt es einen großen Ganzton c–d und einen kleinen d–e). Diese terzenreine Stimmung klingt harmonisch sehr weich und entspannt, allerdings klingen alle *spielbaren* Tonarten genau gleich. Besonders interessant klingen chromatische Skalen und Durchgänge bei einem mitteltönig gestimmten Instrument. Wenn die einzelnen Halbtöne hintereinander gespielt werden, wirkt dies außerordentlich bunt und mannigfaltig; die Halbtöne sind ja sehr verschieden groß. Der Begriff der Chromatik ist hier ausnahmsweise eine wirklich gute Bezeichnung. Fis ist eine andere Farbe von f. Der chromatische Halbton f–fis wirkt wie eine Verfärbung, während der viel größere Halbton fis–g, der nicht chromatisch ist, ein echtes handfestes Intervall darstellt.

Für heutige Musiker ist es zunächst sehr schwierig, reine Terzen zu spielen oder zu singen, weil sie, wegen der Gewöhnung an die temperierten Terzen des Klaviers, die reinen Naturterzen als falsch und zu klein empfinden.

Nun zu den »wohltemperierten« Stimmungen. Temperieren heißt ausgleichen; es werden also einige Intervalle bewußt falsch gestimmt (aber in einem möglichst erträglichen Ausmaß), damit man in sämtlichen Tonarten spielen kann. Die primitivste wohltemperierte Stimmung ist die sogenannte »gleichschwebende Stimmung«. Dabei wird die Oktave in zwölf genau gleiche Halbtöne unterteilt, alle Intervalle außer der Oktave sind etwas unrein. In dieser heute allgemein üblichen Stimmung gibt es keine Tonartencharakteristik, alle Tonarten klingen gleich, nur in verschiedener Tonhöhe. Wenn man aber, wie im 18. Jahrhundert, unter wohltemperiert gut und brauchbar temperiert versteht, dann ist diese moderne Stimmung eine der schlechtesten (sie war übrigens auch damals schon bekannt, obschon technisch nicht stimmbar; das ist sie erst seit der Erfindung der elektronischen Stimmgeräte).

Eine »wohltemperierte« Stimmung (v. Werkmeister)

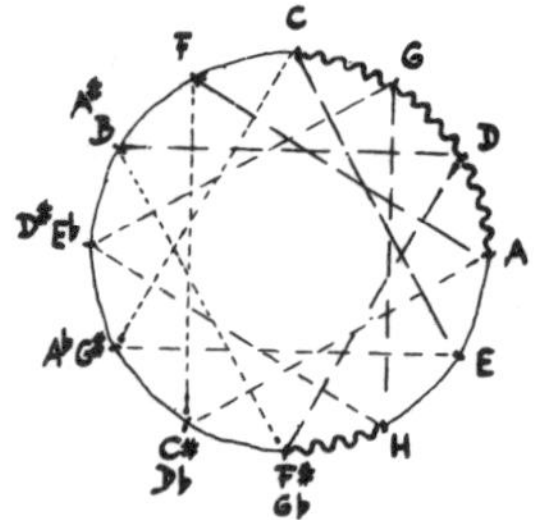

4 Quinten sind um ¼-Komma verkleinert (c–g; g–d; d–a; h–fis), alle übrigen sind rein. Der Quintenzirkel ist geschlossen.

Die Terzen sind unterschiedlich in ihrer Annäherung zur Reinheit. Durch diese Unterschiedlichkeit entsteht deutlich eine Tonartencharakteristik.

Am besten sind die Terzen: f–a; c–e, annähernd gleich gut: g–h, d–fis, b–d, deutlich schlechter: es–g, a–cis, e–gis, h–dis. Alle übrigen Terzen sind pythagoreischen Terzen und so hörbar zu groß.

Bei den guten wohltemperierten Stimmungen werden nicht alle Durterzen gleich gestimmt: es werden etwa f–a, c–e, g–h, d–fis reiner, das heißt kleiner, gestimmt als die übrigen Terzen, somit müssen auch die Quinten unterschiedlich gestimmt werden. Nun sind alle Tonarten spielbar, sie klingen aber unterschiedlich: F-Dur klingt viel weicher und entspannter als E-Dur. Die verschiedenen Intervalle sind in jeder Tonart unterschiedlich, manche etwas reiner, manche weniger, woraus die Tonartencharakteristik resultiert. Sie beruht auf verschieden starken intonationsbedingten Spannungen, die mit der Entfernung vom C-Dur-Zentrum zunehmen und die auch als eine Art Sehnsucht nach den schönen, entspannten Tonarten (F-Dur, C-Dur, G-Dur) empfunden werden.

Man sollte jedenfalls nicht voreilig sagen, ein Musiker spiele falsch oder rein. Es gibt ja sehr verschiedene Systeme, und wenn jemand innerhalb eines Systems rein spielt, das nicht zu unseren Hörgewohnheiten zählt, tun wir ihm unrecht, wenn wir sagen, er spielt unrein. Ich selbst bin so sehr an die ungleichschwebenden Stimmungen gewöhnt, daß für mich ein gewöhnliches Klavier furchtbar falsch klingt, auch wenn es sehr gut gestimmt ist. Es geht also vor allem darum, ob ein Musiker innerhalb seines Systems rein spielt.

Es stellt sich allerdings in der Praxis heraus, daß die Musik des 16. und 17. Jahrhunderts nur mit einer terzenreinen Stimmung adäquat darstellbar ist. Wenn wir nur mit Sängern oder Streichern arbeiten, müssen wir nicht alle Merkmale der mitteltönigen Stimmung, die ja eine für Tasteninstrumente ist, anwenden. Wir werden dann nicht versuchen, den 8. und 9. Oberton gleich groß zu machen und die Quinten zu verkleinern, sondern wir werden vielmehr versuchen, die Terzen absolut rein zu intonieren. (Bei den Quinten versucht das ohnehin Absolute Reinheit in allen Intervallen ist bestimmt nicht erwünscht, weil jede künstlerische Wirkung auf der Sehnsucht nach Vollkommenheit gegründet ist. Vollkommenheit als erreichtes Zeil aber wäre unmenschlich und wohl auch unerträglich langweilig. Ein wichtiger Teil des Musikempfindens und -hörens basiert auf der Spannung zwischen der Sehnsucht nach vollkommener Reinheit und dem tatsächlich erreichten Grad dieser

Reinheit. Es gibt Tonarten mit einem sehr hohen Reinheitsgrad, wo diese Spannung sehr gering ist, und andere, die sehr wenig Reinheit und folglich viel Spannung haben. So ist Intonation ein sehr wichtiges Ausdrucksmittel der Interpretation. Es gibt aber kein Intonationssystem, das für die gesamte abendländische Musik geeignet wäre.

Musik als Klangrede
Residenz Verlag, Salzburg und Wien, 1982

Zur Klangästhetik Monteverdis: Ist häßlich schön?

Monteverdis Äußerungen (in seinen Briefen) sagen uns einiges über seine Vorstellung von vokaler und instrumentaler Tonbildung. Wir gehen ja heute grundsätzlich davon aus, daß der musikalische Klang *schön* sein soll, ein Klang ohne Nebengeräusche und Fehler. Ich bin aber überzeugt davon, daß der Hauptakzent bei Monteverdi auf der musikalischen Wahrheit, auf der optimalen Ausdeutung des Textes, des Wortes liegt, nicht auf der bloß klanglichen Schönheit. Um diese musikalische Wahrheit in Klänge umzusetzen, gibt es keine ästhetischen Grenzen. Es ist nicht möglich, mit dem Instrumentarium, das wir kennen, und mit dem, was wir über die Behandlung der Singstimme zur damaligen Zeit wissen, anzunehmen, daß der schöne, der absolut makellose Klang das Ideal war. Sehr häufig kann man doch mit einem Geräusch, mit einer Komponente von Häßlichkeit, dramatische Wahrheit viel eher erreichen als mit fehlerfreier Klangschönheit. Das ist heute vielleicht wieder leichter zu verstehen, weil wir in der modernen Musik ja auch nicht unbedingt und stets nach absoluter Tonschönheit streben.

Es gibt leider nur wenige Beschreibungen (darunter einige Monteverdis), wie die Klänge des damaligen Instrumentariums angewendet wurden. Doch diese wenigen sind schon so interessant, daß man sagen kann, die Schönheit des Klanges war in jedem Fall der dramatischen und musikalischen Wahrheit untergeordnet. Es ist auch bestimmt vom Standpunkt der allgemeinen Ästhetik her richtig, daß Schönheit viel stärker wirkt, wenn sie aus Häßlichkeit entsteht. Das ist ein um diese Zeit neues Prinzip; wir finden es auch in der Dissonanzbehandlung von Monteverdi, die ebenfalls ganz neuen Prinzipien folgt: Die Auflösung einer Dissonanz in eine Konsonanz soll im Zuhörer nach einem Gefühl der Spannung oder Beklemmung eine Erleichterung hervorrufen; ein Stück kann nun durchaus mit einer frei einsetzenden Dissonanz, gleichsam einem Blitz aus heiterem Himmel, beginnen – bis dahin unerhört! So ein Wechsel der Affekte wird nun ganz bewußt eingesetzt. Dasselbe Element der Kontrastwirkung wird auch im rein Klanglichen angewandt. Dies geht schließlich so weit, daß Monteverdis Schüler in ihren Kompositionen gelegentlich besondere Effekte verlangen, wie man sie in Instrumentalstücken erst wieder im 20. Jahrhundert kennt, zum Beispiel das Streichen hinter dem Steg eines

Saiteninstrumentes, wo man keinen bestimmten Ton, sondern nur ein kreischendes Geräusch erzeugen kann, oder das Klopfen mit dem Bogen auf ein Streichinstrument. Von Monteverdi selbst erfahren wir wohl nur deshalb wenig über solche Dinge, weil er uns nur sehr wenige Partituren hinterließ. Er leitete ja normalerweise die Aufführung seiner Werke selbst, ansonsten überließ er wohl die Einzelheiten der Ausführung den Musikern.

Über die Sänger sind wir natürlich noch weniger informiert. Doch können wir, wie ich glaube, aus Äußerungen Monteverdis schließen, daß auch für sie die Textinterpretation derart im Vordergrund stand, daß sie über die Schönheit der Stimmbehandlung gestellt wurde. Ich entnehme das auch daraus, daß, als Reaktion auf den dramatischen Sprechgesang, ungefähr in den letzten zehn Jahren von Monteverdis Leben das Belcanto erfunden wurde, als ob man dem echten melodischen Gesang den ihm gebührenden Platz wiedergeben wollte. Wahrscheinlich ist die Demonstration der reinen Textwahrheit von den Sängern zeitweise so übertrieben worden, daß sie schließlich zuletzt gar nicht mehr richtig sangen und, als Reaktion darauf, das Pendel dann in die andere Richtung ausschlug.

1977

Barockmusik in Europa – das Barockorchester

Das Leben heute ist von Musik erfüllt. Jeder Mensch, ob Fabriksbesitzer, Fabriksarbeiter, Universitätsprofessor oder Polizist, besitzt einen Radioapparat oder Fernsehapparat, viele auch Stereoanlagen. Man kann also zu jeder Zeit jede Art von Musik hören. Ein unschätzbarer kultureller Reichtum!? oder jedenfalls die Möglichkeit dazu. Wie wird er genützt?

Im Leben des 17. Jahrhunderts, im Hochbarock, hatte die Musik einen wesentlichen Platz, das Leben war ohne Musik nicht vorstellbar. Die Adeligen oder wohlhabenden Menschen hatten zwar kein Radioprogramm, aber dafür ein Kammerorchester, das ihnen stets zur Verfügung stand. Meist spielten sie selbst mit. Für die einfachen Leute war die Kirche eine Art von Konzertsaal. Hier konnten sie jeden Sonntag kunstvolle Messen, Sonaten oder Orchesterstücke in durchaus weltlich konzertantem Stil hören, so konnten auch sie, wenn auch in weniger exclusiver

Form als die hohen Herrschaften, am Musikleben teilnehmen.

Viele Jahrhunderte lang war die Musik, wie alle anderen Lebensäußerungen auch, in lebendigster Beziehung zum Leben der Zeit. So wie man Kleider trug (und trägt), die der letzten Mode entsprechen, wie man seine Wohnung stets so modern als möglich einrichtete, so spielte und hörte man nur neueste Musik. Das Alte war vergangen und uninteressant. Das Hochzeitspaar im 17. Jahrhundert bekam selbstverständlich eine nagelneue Hochzeitsmusik, eigens für sie vom Regens chori komponiert. Diese Einheit zeigt sich etwa in der Barockzeit so: die Menschen denken barock, kleiden sich barock, essen barock, wohnen barock, hören und spielen Barockmusik, ihre Häuser sind Barockarchitektur und ihre Kochlöffel sind schön barock gedrechselt, alles gehört zusammen. Die Musikinstrumente werden wunderschön barock ausgestaltet mit Schnecken und Skulpturen, mit kunstvoll gedrechselten Ornamenten – und sie klingen so wie sie aussehen. Ihre barocke Form entspricht ihrem barocken Klang ebenso wie der barocken Form und Akustik der Säle, in denen sie gespielt wurden. Barockmusik ist hineinkomponiert in die barocken Säle und bringt die Architektur zum Klingen. Reichhaltigkeit ist alles: der Tonraum vom höchsten Sopran bis zum tiefsten Baß wird durch eine Vielzahl von Streich- und Blasinstrumenten ausgefüllt, von denen jedes ganz spezielle Klangfarben beisteuert zu einem unerhört reichhaltigen Gesamtklang. Diese Vielfalt wird später aufgegeben. Bei den Streichinstrumenten blieben von all dem Reichtum vier Instrumente: Geige, Bratsche, Cello, Kontrabaß.

Wie knapp und klar ist doch die Form der barocken Musikstücke, ein musikalischer Gedanke wird dargelegt, von allen Seiten gezeigt, kurz diskutiert und schließlich zu einem einhelligen Abschluß gebracht. Kein Wort zuviel gesagt – Musik im Barock ist ja immer »Klangrede«. Erst die spätere Musik beginnt lang und redselig ihre Gedanken auszubreiten, gleichsam die Essenz mit Wasser zu verdünnen und Form für Inhalt auszugeben.

Es gab also zur Barockzeit nur moderne Musik, so wie es heute nur mehr alte Musik gibt – die historischen Komponisten Bach, Mozart, Beethoven, Brahms, Strauss, Strawinsky, Bartók werden ja heute fast ausschließlich gespielt. – Freilich in der Unterhaltungsmusik ist auch heute noch das Gegenwärtige allein aktuell. Aber Unterhaltungsmusik ist ja heute streng getrennt von »ernster« Musik. Warum wohl? – Früher war das eine Einheit, und Muffat, Biber und Mozart schrieben jede Art von Musik mit derselben Hingabe, mit demselben Ideenreichtum. Es gab nur *eine* Musik, die das ganze Leben erfüllten von der Freude bis zur Trauer.

Man kann das Barockorchester sehr gut mit einer Barockorgel vergleichen. Die einzelnen Instrumente und Instrumentengruppen werden normalerweise registermäßig eingesetzt. Durch Hinzufügen oder Wegnehmen der verschiedenen Instrumentengruppen verändert sich der klangliche Aufbau im stets weiterlaufenden vierstimmigen Satz. Diese Klangregie wird vor allem der Verdeutlichung der Form, aber auch einfach zur klanglichen Abwechslung angewendet.

Der Kern des Barockorchesters ist das Cembalo, es hat die Aufgabe, die Harmonien akkordisch oder stimmig auszufüllen und für den rhythmischen Zusammenhalt des Orchesters, das ja ohne Dirigenten spielt, zu sorgen. Um die Baßlinie dabei entsprechend zu verstärken und herauszuheben, wird sie vom Cello und oft auch vom Kontrabaß, gelegentlich auch vom Fagott, mitgespielt. Auf diesem Fundament ist in der Regel jede Barockmusik aufgebaut. Der Orchestersatz der deutschen Barockmusik ist normalerweise vierstimmig, die beiden Oberstimmen werden von Violinen ausgeführt. Die Barockgeige hat, im Gegensatz zur modernisierten Violine, einen wesentlich zarteren, schlankeren Ton, der sich weniger mit den anderen Stimmen mischt, sodaß die Zeichnung der Stimme stets klar bleibt. Die dritte Stimme wird von einer Viola gespielt,

Zu den Streichinstrumenten treten oftmals verschiedene Blasinstrumente hinzu. Diese werden im Barockorchester – anders als im Orchester der Klassik und Romantik, wo sie selbständige Stimmen erhalten – grundsätzlich in den vierstimmigen Streichersatz eingebaut. Die Oboen etwa spielen dieselben Noten wie die

Violinen, das Fagott dieselben wie das Violoncello. Das Hinzutreten der Blasinstrumente hat also mehr Bedeutung in Hinblick auf die Klangfarben als auf die Vollständigkeit der Komposition. Die Barockinstrumente sind so konstruiert, daß sie einerseits einen charakteristischen Klang haben, der aber mit mehreren Instrumenten derselben Stimmlage zu einem neuen Klang verschmelzen muß. Das wichtigste Beispiel dafür ist die Oboe, die allein außerordentlich charakteristisch klingt. Ein völlig neuer Klang entsteht aber, wenn, wie in unzähligen Orchesterwerken des Barock, Oboe und Violine im Einklang spielen. Diese Mischung ist die klangliche Essenz des Barockorchesters. Natürlich haben sowohl die Streicher als auch die Bläser, allein und gruppenweise, solistische Aufgaben, wobei die klanglichen Charakteristika besonders deutlich hervortreten. Neben den normalen Oboen (die in c stehen) baute man auch Oboen d'amore (in a) und Oboen da caccia (in f). Diese Instrumente wurden wegen ihrer besonderen Klangfarben vor allem für Soli herangezogen, gelegentlich aber auch zur Verdopplung der Mittelstimmen des Streichorchesters.

Ein typisches Solo-Instrument ist die Traversflöte (Querflöte). Es gibt nur sehr wenige Orchesterwerke der Barockzeit, in denen sie als Tutti-Instrument verwendet wird. Im berühmtesten Werk für dieses Instrument, der h-moll-Ouverture Bachs, wird die Flöte im Tutti mit der Violine gemeinsam, colla parte geführt, was wieder einen gänzlich neuen Klang ergibt, wenn die Violinen nicht stärker besetzt sind und so den zarten Flötenton erdrücken.

Der besondere Reiz der barocken Blockflöte liegt in ihrem ›holzigen‹ Klang und in der durch den ständigen Wechsel von ›offenen‹ und von ›Gabelgriffen‹ bedingten dauernden Veränderungen der Klangfarben.

In besonders festlichen Werken kommen auch Trompeten und Pauken vor. Freilich waren die Naturtrompeten der Barockzeit, die ja keine Ventile hatten, auf ganz bestimmte Töne, nämlich die Naturtöne, beschränkt. Diese Instrumente haben auch klanglich wenig mit den heutigen Trompeten, auch mit der sogenannten »Bachtrompete« gemein. Die Trompeten sind normalerweise in den vierstimmigen Satz eingebaut und treten nur als zusätzliches Klangregister zu den Oboen und Violinen. Natürlich gibt es auch viele Stellen, an denen die Trompeten freigestellte Spitzentöne zu spielen haben und so dem Satz den besonderen Glanz geben. Zu ihnen gehören stets die Pauken. Die Barockpauken waren kleiner und flacher als die modernen, sie wurden mit Holzschlägeln gespielt. Dadurch ist ihr Klang stets klar und schlank und deckt niemals den vollstimmigen Satz zu.

Außer diesem Standardinstrumentarium des Barockorchesters gab es noch andere Instrumente, die für ganz spezielle Aufgaben herangezogen wurden. Die Wald- oder Jagdhörner, bis Ende des 17. Jahrhunderts reine Jagdinstrumente, von Jägern geblasen, wurden ab etwa 1700 auch gelegentlich in der Kunstmusik eingesetzt. Dabei nahmen die Komponisten die typischen Hornmotive aus der Jagdmusik und bauten sie in ihre Werke ein. Schon früh fand man auch die Möglichkeiten des Naturhorns für romantisch cantable Melodien, wobei die zwischen Naturtönen liegenden Töne durch »Stopfen« mit der Hand hervorgebracht wurden, was einen reizvollen Wechsel der Klangfarben bewirkt.

In der ausgehenden Renaissance- und Barockzeit gab es zwei ›Familien‹ von Streichinstrumenten: die Viole da braccio (die Geigenfamilie) und die Viola da gamba (die Gamben). Diese beiden Instrumententypen unterscheiden sich so grundlegend voneinander, daß man geradezu von einem Charakterunterschied sprechen kann: die Geigen extrovertiert, aggressiv, strahlend, bisweilen oberflächlich; die Gamben zart und verinnerlicht, tiefsinnig, esoterisch. So ergab sich bald eine deutliche Vorliebe gewisser Nationen für die eine oder andere Instrumentenart. Die Italiener wählten die Geige als das ihnen entsprechende Instrument. Die Engländer vor allem, später auch die Franzosen, bevorzugten die raffiniertere und stillere Gambe. In England entstand nach 1600 ein reichhaltiges Repertoire an Ensemblemusik für zwei bis sieben Gamben; musikgeschichtlich vergleichbar nur der Blüte des Streichquartetts in der Wiener Klassik. – Die Gamben wurden, genauso wie die Geigen, in allen Größen gebaut: vom Diskant über Alt und Tenor bis zum Baß. Die Klangmischung eines Gambenquartetts oder Terzetts ist etwas völlig Einmaliges, und die englischen Musikliebhaber gerieten in Verzückung über solche Klänge. Später wurde nur mehr die Baßgambe als Soloinstrument gespielt, vor allem in Frankreich bis in die Mitte des 18. Jahrhunderts.

Beitrag für die Plattenfirma Teldec, ca. 1970

Die vielen Arten von Cembalo

Das Cembalo ist prinzipiell ein historisches Instrument, dessen Entwicklung mit allen Möglichkeiten im 16. Jahrhundert abgeschlossen war. Im Mittelalter gab es verschiedene hackbrettartige Instrumente, deren Metallsaiten mit Federkielen, die der Spieler in den Händen hielt, angezupft wurden. Schon im 13. Jahrhundert erfand man einen Tastenmechanismus, der die zupfenden Federkiele betätigte, seit dieser Zeit blieb die sehr einfache Mechanik des Cembalos im wesentlichen unverändert. Das Cembalo ist als Musikinstrument durchaus *nicht* als frühere Entwicklungsstufe des modernen Klaviers anzusehen, sondern als ein eigenständiges Instrument mit abgeschlossener Entwicklung. Die technischen Probleme waren also mindestens ab dem 16. Jahrhundert bereits in vollkommener Weise gelöst und nicht mehr verbesserungsfähig. Das Cembalo, ein technisch und musikalisch völlig ausgereiftes Instrument, kam Ende des 18. Jahrhunderts außer Gebrauch, weil sein

Klangprinzip den Forderungen der damals modernen Musik nicht entsprechen konnte. So mußte das Hammerklavier als etwas gänzlich Neues erfunden und entwickelt werden.

Es gehört zum Prinzip dieses Instrumentes, über keine dynamischen Möglichkeiten zu verfügen. Der Spieler hat allen Ausdruck und alles Cantabile (auch auf diesem Instrument war cantables Spiel höchstes Ziel) durch feinste agogische Nuancen zu erreichen. Natürlich muß der Einzelton des Cembalos so interessant und lebendig klingen, daß man keine Sehnsucht nach klanglicher Schattierung fühlt. Die historischen Cembali, viele davon kann man noch hören, werden diesen Anforderungen in idealer Weise gerecht, ihr Klang ist voll und klar.

Es ist interessant, daß das Cembalo schon ab dem 16. Jahrhundert in vielerlei verschiedenartigen Typen zu finden ist. Jede musikalische Nation, jedes eigenständige stilistische Zentrum formte sich ihr besonders charakteristisches Instrumentarium, diese sehr weitgehende Typenverschiedenheit ist von allen Musikinstrumenten sonst nur bei der Orgel zu finden. Manche Instrumente wurden nur in bestimmten Ländern gespielt, andere wurden in einem Land nur für Tanzmusik verwendet, während sie in einem anderen durchaus ›hoffähig‹ waren; das Cembalo wurde überall in Europa gespielt, überall war es als Continuoinstrument Basis und Kern jedes Ensembles, überall wurde es auch als Soloinstrument verwendet. Die Verschiedenheit der nationalen Stile äußert sich hier also nicht in der Bevorzugung oder Ablehnung des Instrumentes als solchem, sondern in einer Mannigfaltigkeit der Modelle, der Bauweisen. Der Klang eines Cembalos kann auf vielerlei Art modifiziert werden: indem die Saitenmensuren länger oder kürzer gemacht werden, das Corpus flacher oder höher gebaut wird, die Anzupfstelle näher oder weiter vom Steg entfernt gewählt wird. Die Form des Corpus kann rechteckig, spitzwinkelig, fünfeckig oder flügelförmig sein, die Saiten können aus Bronze, Messing oder anderen Metallen gemacht werden, die Plektra aus Federkiel, Schildpatt, Leder, Nylon. Man kann mehrere Saitenbezüge aufziehen, die durch ein, zwei oder sogar drei Manuale zum Klingen gebracht werden.

Zwei Zentren des Cembalobaues entwickelten für die kommenden Jahrhunderte gültige Typen: Italien und Flandern. Die italienischen Cembali, primär zur Begleitung von Solisten oder Streichergruppen gedacht, wurden ab der Mitte des 16. Jahrhunderts etwa 200 Jahre lang nach demselben musikalischen Konzept gebaut. Sie waren stets einmanualig und hatten normalerweise nur ein oder zwei Achtfuß-Register, ihr Corpus war sehr langgestreckt (profunde Bässe) und hatte niedrige Zargen (scharfer, durchdringender Klang). Während die Italiener also ein brillantes, aggressives Instrument bevorzugten, das dem Spieler nur wenig Möglichkeiten der Klangvariation bot, liebten die Franzosen die weich und dunkel klingenden Instrumente der flämischen Cembalobauer, die viel mehr mit den vielfältigen Möglichkeiten mit den zahlreichen registrierbaren Nuancen experimentierten. Diese flämischen Instrumente – vor allem der Antwerpener Familie Ruckers – bildeten die Grundlage für den Cembalobau in Deutschland, England und vor allem in Frankreich, wo im 17. und 18. Jahrhundert diese weiterentwickelten Instrumente für die raffinierteste Cembalomusik, die je geschrieben wurde, gebaut wurden. Diese französische Musik rechnet sowohl technisch als auch klanglich mit den Möglichkeiten der Zweimanualigkeit. Aus diesen Unterschieden auf die Qualität eines Instrumentes schließen zu wollen, ist gänzlich falsch. Die Musik, für die das italienische Instrument gebaut ist, soll hingegen nicht durch den Farbwechsel der Registrierung wirken, sondern durch die Persönlichkeit des Interpreten, der die fehlende – nicht mangelnde – Dynamik durch raffinierte Agogik* ersetzt.

Geschrieben für ein Konzerthausprogramm, 1967

---

* Agogik: Tempoveränderung im Rahmen eines gegebenen Tempos, meistens der Baßlinie, wichtigste Ausdrucksmöglichkeit im Gegensatz zur streng metronomischen, also etüdenmäßigen Ausführung. Dies meint auch der Ausdruck Rubato, dazu schreibt Wolfgang A. Mozart in einem Brief an seinen Vater Leopold aus Augsburg am 23./24. Oktober 1877: Das Tempo rubato in einem Adagio, daß die lincke hand nichts darum weiß, können sie gar nicht bergreifen. Bey ihnen giebt die lincke hand nach.

Wolfgang Amadeus Mozart, der rätselhafte Genius

Wie wahrheitsgetreu ist eigentlich unsere Vorstellung von der Lebensgeschichte, von der Gedankenwelt Mozarts? Seine Biographen können sich seit jeher auf reiches Quellenmaterial stützen: Tagebücher, ein enormer Briefwechsel, Berichte und Urteile von Zeitgenossen und natürlich sein großes künstlerisches Werk, seine Partituren.

Trotz dieser Fülle an Information bemerken wir, wie die vielen Biographen der vergangenen knapp zweihundert Jahre – immer belegt durch Briefzitate – ein jeweils völlig verschiedenes Bild desselben Menschen zeichnen; ja, beinahe gewinnt man den Eindruck, als sehe jede Zeit, jede Generation, später sogar jeder Autor, Mozart von einer ganz anderen Seite. Ähnlich geht es ja auch seinen Werken, die von jeder Generation neu und sehr verschiedenartig gedeutet werden; meist mit großem Authentizitätsanspruch und alle früheren Lesarten verachtend.

In Anbetracht dieser Situation kommen mir Gedanken zur geschichtlichen »Wahrheit«. Die Pilatusfrage: »Was ist Wahrheit?« ist ja selbst im profansten Bereich nicht zu beantworten. Jedem Richter ist das Problem der Zeugenschaft geläufig: Dasselbe Ereignis wird von mehreren intelligenten und ehrlichen Augenzeugen derart unterschiedlich geschildert, daß an der Wahrhaftigkeit, dem Erinnerungsvermögen gezweifelt wird – und doch schildert jeder das, was er sah, was er erlebte. Es *ist* die Wahrheit – und wir müssen einsehen, daß man diese nicht auf Fakten reduzieren kann. Jeder Bericht ist zugleich unbewußte Interpretation und sagt daher vor allem etwas über den Berichterstatter.

Die großen Künstler unserer Geschichte werden wir nie wirklich verstehen können: Die überwältigenden Visionen und Einsichten Michelangelos sagen uns nichts über den Menschen Michelangelo, ja, sie machen ihn uns unbegreiflich; so ist es mit Shakespeare, so mit Mozart. Ihre Werke sind unbegreiflich, dämonisch, überirdisch, wir besitzen keine Elle, um sie zu messen. – Der Kleine kann vor dem Großen eigentlich nur staunen und schweigen, oder jubeln, oder in sich selbst hineinleuchten lassen.

Auch die Psychologie und -analyse ist nicht größer als der Psychologe oder -analytiker. Ich weiß nicht, ob wir einem Mozart, seiner Beziehung zu seinem Vater, zu seinen Mitmenschen gerecht werden können mit Methoden, denen das Außergewöhnliche nicht greifbar ist. Wir haben nicht das Instrumentarium, um Mozart zu rekonstruieren.

Es ist also ganz natürlich, daß diese Großen unserer Vergangenheit mit tausend Zungen sprechen, zu jeder Generation anders, daß wir immer wieder völlig neue, unerhörte, nie gesehene, nie gedachte Aspekte ihrer Kunst wahrnehmen. Vielleicht sollten wir die Art, wie unsere Väter und Großväter Mozart, Shakespeare, Michelangelo sahen, mit mehr Verständnis betrachten. Die Augen, der Geist des Betrachters sind viel zeitgebundener als das betrachtete Werk. Man kann immer nur das erkennen, was durch die – nur scheinbar objektive – Brille der zeitgeprägten Gegenwart an den Betrachter herankommt. Auch wir wollen nicht von unseren Kindern und Enkeln verachtet werden.

Sicherlich verrät der Briefwechsel der Familie Mozart sehr vieles, was nicht ausdrücklich gesagt wird, sicherlich ist ein Verschweigen, Beschönigen oder gar eine Lüge sehr aufschlußreich. Aber! Woher nehmen wir die Arroganz, das ausgebildete ›Fachwissen‹ des Analytikers; gibt es nicht für viele Aussagen eine große Zahl sehr unterschiedlicher Erklärungsmöglichkeiten? Drängen wir uns mit unserer pseudowissenschaftlich fundierten Neugier und mit unseren apodiktischen Resultaten nicht in eine Intimsphäre, die wir nicht verstehen und in der wir nichts zu suchen haben? Die Briefe sind private Mitteilungen einer innig verbundenen Familie; diese Menschen liebten einander, sorgten sich, kümmerten sich, freuten sich miteinander. Das ist der Tenor, der rote Faden, der sich durch diese rührende Korrespondenz zieht. Beschämt müssen wir katastrophenlüsternen Voyeure erkennen, daß auch der Blick in das Privateste dieser Familie mehr von unserer eigenen Disharmonie offenbart als von schrecklichen Vater-Sohn-Dramen, die hier oft hineingelesen werden. Diese Briefe sind uns ja nur zugänglich, weil Mozart kein Privatmensch, kein Sohn, Vater, Ehemann mehr ist, seit er als Komponist der ganzen Welt gehört. – Bedenken wir, was alles herauskäme, wenn wir unsere eigene Familienkorrespondenz (per Post und Telefon) mit all ihren unappetitlichen Aspekten solchen oberlehrerhaften Beurteilungen aussetzen müßten. Im Vergleich zu den Konflikten der Mozarts würden da wohl häufig Abgründe an Charakterlosigkeit, Lüge und Intrige offenbar. Was verlangen wir eigentlich vom zweihundert Jahre zurückliegenden Familienleben der Mozarts?

Ich will keine Briefzitate bringen, weil sich gerade mit Zitaten eine vorgefaßte Meinung so gut »beweisen« läßt; man kann ja die Briefe selbst lesen. Aus meiner Beschäftigung mit Mozarts Musik und mit allen bekannten Äußerungen seines Umkreises entnehme ich ganz persönlich, und ohne jeden Anspruch auf Allgemeingültigkeit, daß Mozart das unvorstellbare Glück hatte, in einer geradezu idealen Umgebung aufzuwachsen: Seine Mutter war wohl eine einfache Frau, die in ihrer Familie aufging. Sie war schön, zärtlich geliebt von ihrem Mann und von den Kindern, und sie hatte Freude an Geselligkeit und Spaß; unter Freunden konnte sie in ihrer einfachen Art sehr lustig und schlagfertig sein. Sie kleidete sich gerne hübsch und interessierte sich für die neuesten Marotten der Mode in allen Ländern, die sie bereiste oder aus denen ihr berichtet wurde. – Der Vater muß ein pädagogisches Naturtalent gewesen sein. Seine Violinschule, die er im Geburtsjahr Mozarts veröffentlichte, wurde schnellstens zum Standardwerk seiner Gattung. Sie wurde in alle wichtigen Sprachen übersetzt und war für mehr als hundert Jahre das Rückgrat jeder Streicherausbildung. Noch heute muß man den unübertroffenen didaktischen Aufbau und die klare, einprägsame Sprache ebenso bewundern wie die tiefen musikalischen Einsichten, die aus diesem Werk erkennbar sind. Die Violinschule ist zwar ein Leitfaden zum Erlernen des Geigenspiels, aber darüber hinaus enthält sie eine Fülle von Anregungen für die Phantasie und Kreativität des Interpreten. Leopold Mozart, dem mit seiner Violinschule ein einmaliger Wurf, ein Welterfolg gelungen war, blieb zeit seines Lebens ein kleiner Geiger, später Vizekapellmeister am provinziellen erzbischöflichen Hof in Salzburg. Mag sein, daß er auf eine große Karriere, die ihm aufgrund seiner Bildung und seines beruflichen Könnens ohne weiteres offengestanden wäre, bewußt verzichtete, als er das Genie seines Kindes erkannte. Man bemerkt jedenfalls, daß er die unfaßbaren Gaben dieses Kindes als heiligen Auftrag empfand, alles Erdenkliche zu seiner Bildung und Ausbildung beizutragen. So ordnete er sein ganzes Leben dem seines Sohnes unter; er verzichtete darauf, weiterhin zu komponieren, obwohl er viele durchaus erfolgreiche Werke geschrieben hatte – den Atem des Unendlichen, den schon die frühesten Werke seines Kindes ausströmten, hatten sie freilich nicht. – Wir sehen den Vater als liebevollen und pädagogisch idealen Erzieher und Musiklehrer, sodaß sein Sohn niemals einen Zwang verspürte, der ihm die Musik leicht hätte verhaßt machen können. Er fühlte auch eine Verpflichtung, Hand in Hand mit der Ausbildung Mozart der musikalischen Welt vorzustellen, wodurch dem Sohn Gewandtheit und Sicherheit im öffentlichen Auftreten und Kontakte mit den bedeutendsten Musikern der Zeit von Kindheit an aufgebaut wurden. Die Reisen der Familie werden heute oft dem Vater als egoistische und grausame Zur-Schau-Stellung angekreidet. Mir scheint es nicht richtig, die Maßstäbe unserer Zeit, in der sowohl die Musik als auch die Einstellung zum Kind als auch die gesellschaftlichen Gegebenheiten gänzlich anders bewertet werden als damals, an das Verhalten von Mozarts Vater anzulegen. Er hat es anscheinend selbst auf Reisen gut verstanden, die ideale Mitte von Arbeit und Spiel, Ernst und Spaß, Ruhe und Bewegung zu finden und seiner Frau und den Kindern Liebe und Geborgenheit zu geben. Und dies trotz eines umfangreichen Erziehungs- und Reiseprogramms. Daß Geselligkeit und Freude, Spiel und lockerer Scherz in dieser Familie nicht zu kurz kamen, ist ganz offenbar.

Wir können es uns wohl nicht vorstellen, was es für die Familie Mozart bedeutet haben muß, als sie bemerkte, was für ein Kind ihnen gegeben war. Es ist in der menschlichen Gesellschaft nicht vorgesehen, ein Genie großzuziehen, dafür gibt es keine Beispiele, keine Vorbilder. So ein dämonisches Wesen okkupiert selbstverständlich seine ganze Umgebung, man kann es eigentlich nicht »erziehen«, es ist wohl ein geliebter und zugleich beängstigender Hausgenosse.

Als Mozart mit fünfundzwanzig Jahren Salzburg verlassen mußte und versuchte, in Wien Fuß zu fassen, warf der Vater sicherlich all seine Überzeugungskraft in die Waagschale, um den Sohn vor übereilten und schlecht durchdachten Entscheidungen zu warnen. Die Briefe des Vaters sind nicht erhalten, sie wurden wahrscheinlich von Mozarts Frau Constanze oder deren späterem Mann Georg Nikolaus von Nissen vernichtet, wohl um die Äußerungen des Vaters über die zukünftige Schwiegertochter nicht auf die Nachwelt kommen zu lassen – wir ahnen diese aus den erhaltenen Briefen des Sohnes. Der Vater hatte in den meisten Fällen sicherlich recht, und er konnte nicht schweigen, als er erkennen mußte, daß sein erwachsener Sohn unglückliche berufliche und private Entscheidungen zu treffen im Begriffe war. Waren die Entscheidungen aber einmal getroffen, blickte er nur mehr nach vorn und suchte sie zu akzeptieren.

Die Schwester Nannerl wirkt in diesem Zusammenhang etwas blaß. Als Kind scheint sie von herausragender »Wunderkind«-artiger Begabung gewesen zu sein; diese blieb aber, wie das bei solchen Kindern oft der Fall ist, nach der Pubertät stehen. Auch Nannerl konzentrierte sich musikalisch auf ihren Bruder Wolfgang, der ihr stets seine neuesten Klavierkompositionen mit reichen Kommentaren zukommen ließ. Sie blieb beim Vater, bis sie heiratete und nach St. Gilgen zog. Als Witwe ging sie wieder nach Salzburg zurück, wo auch die Witwe ihres Bruders, Constanze, nach dem Tod ihres zweiten Ehemannes lebte. Die beiden Frauen mochten einander nicht; obwohl sie nur wenige Minuten voneinander entfernt wohnten, pflegten sie keinerlei Kontakt miteinander. Die alte Abneigung, die noch aus der Zeit stammte, als der Vater den Sohn von dieser Verbindung abbringen wollte, war wohl nicht abgeflaut. Nannerl gab offenbar Constanze mindestens einen Teil der Schuld am gesundheitlichen und wirtschaftlichen Niedergang des Bruders.

Mozarts Frau bleibt trotz der zahlreichen Berichte seltsam undurchsichtig. Wir wissen, daß er drei Jahre vor seiner Heirat sich in Mannheim in Constanzes Schwester Aloysia verliebt hatte. Diese war allerdings eine bedeutende Sängerin, deren Faszination für ihn sicherlich durch ihre Gesangskunst enorm gesteigert war.

Die große Liebe war wohl einseitig; als Mozart wenige Jahre später der Familie Weber in Wien wieder begegnete, war Aloysia mit einem Schauspieler verheiratet, und die Mutter tat alles, um Mozart für die nächste Tochter, Constanze, einzufangen, was ihr schließlich mit Hilfe eines trickreichen Vormundes gelang. Mozart scheint Constanze wirklich geliebt zu haben und wollte seine eigene Familie ähnlich seinem Salzburger Elternhaus formen. Constanze war aber nicht wie seine Mutter, sie hatte ihre eigene Vorstellung von einem angenehmen Leben, von Gesellschaft, Unterhaltung und Familie. Sie wurde von ihren Zeitgenossen gelegentlich sehr hart beurteilt, und auch Mozart ermahnte sie wiederholt, mehr auf ihre und seine Ehre zu achten. Nach dem Tode ihres Mannes verstand Constanze es sehr gut, gemeinsam mit ihrem zweiten Mann, das Erbe Mozarts wirtschaftlich zu nutzen. Hier bleibt für mich ein bitterer Beigeschmack.

Wolfgang Amadeus Mozart kann man nicht beschreiben; so klar und architektonisch durchgeformt seine Werke vor uns stehen, so sehr entzieht sich seine Person jedem Begreifen. – Sein Lebensweg ist, nahezu lückenlos dokumentiert, vor uns ausgebreitet, aber den Menschen können wir nicht fassen. Er war wohl ein sehr liebenswürdiges Kind, gehorsam, fleißig, die Freude seiner Eltern. Er bewunderte seinen Vater – wenn er auch schon sehr früh die schockierende Erfahrung machen mußte, daß er ihm musikalisch turmhoch überlegen war. Als spielendes Kind können wir ihn uns eigentlich kaum vorstellen, viel eher als spielenden Erwachsenen. Diese Vorstellung ist uns auch von einigen Zeitgenossen, wenngleich in umgekehrter Weise, überliefert: abgesehen von seiner Musik, sei er zeitlebens ein Kind geblieben. Dennoch berichten seine Freunde und Bekannten übereinstimmend, er sei stets heiter, niemals mürrisch gewesen, habe Geselligkeit und vielerlei Arten von Spielen, besonders das Billard, geliebt. Er war oft von geradezu ausgelassener Heiterkeit, was auch aus vielen seiner Briefe hervorblitzt. Wie sein Vater schrieb er schon von Jugend an einen geschliffenen Stil, hohe Bildung, scharfer Witz, Schlagfertigkeit und ein sehr bestimmtes Urteil sind Merkmale seines gesamten Briefwechsels. Wenn wir uns auch kaum vorstellen können, wann Mozart die Zeit zu Bildung und ausgedehnter Lektüre hatte, so wissen wir doch, daß er sehr belesen war; neben der Bibel war er bestens vertraut mit der klassischen Mythologie, mit den wichtigsten Autoren italienischer, französischer und deutscher Sprache. Er ging ins Theater, sooft er dazu Gelegenheit hatte, und kannte die Werke Shakespeares.

Rührend in mehrfacher Hinsicht ist seine Reaktion auf den Tod seiner Mutter in Paris. Er bittet einen Freund seines Vaters, diesen zuerst schonungsvoll vorzubereiten, bevor er selbst behutsam, liebevoll und traurig berichtet. In denselben Briefen, in denen er diesen tragischen Todesfall, diesen ersten großen

Verlust in der vierköpfigen Familie, tröstend und doch selbst trostbedürftig darstellt, erzählt er, scheinbar völlig naiv und heiter, von seiner musikalischen Arbeit. – Dies hat man ihm oft als Zynismus oder Herzenskälte ausgelegt, zu Unrecht! Für die Mozarts, als gläubige Menschen, hatte der Tod nicht den abgründigen Schrecken, den wir heute damit verbinden. Damals spielten sich Glück und Unglück so wie auch Geburt und Tod unter Anteilnahme der Familie und Freunde ab. Die Kinder kamen in der Wohnung, im Kreis der Familie zur Welt, viele starben bald nach der Geburt; jeder Mensch hatte schon im Kindesalter Sterbende gesehen. Auch der Tod kam normalerweise ins Haus, alte Menschen starben inmitten ihrer Lieben; man kam selbstverständlich, wenn ein naher Verwandter auf dem Sterbebett lag. – Das heutige keimfreie und einsame Sterben in Spitälern und Anstalten scheint mir viel mehr Todesfurcht und Zynismus zu offenbaren als die natürlichen Äußerungen eines Mozart. – Ähnlich rührend hat er sich viele Jahre später geäußert, als sein Vater zum Sterben erkrankt war und er nicht nach Salzburg zu ihm kommen konnte. Er hätte den Vater nicht schöner trösten können, als indem er ihm seine eigene Einstellung zum Tod schilderte: Für ihn sei seit langem der Tod der beste Freund des Menschen, der wahre Endzweck unseres Lebens, sein Bild habe recht viel Beruhigendes und Tröstendes; er danke Gott für die Einsicht, daß der Tod der Schlüssel zur wahren

Glückseligkeit sei; er gehe nie zu Bett, ohne zu bedenken, daß er den nächsten Morgen tot sein könnte, und sei dennoch nicht traurig.

So normal die Lebens- und Familiengeschichte Mozarts erscheint, so unbegreiflich wird sie im Zusammenhang mit seinem Werk. Die ersten musikalischen Äußerungen müssen seine Umgebung wie Blitzschläge getroffen haben. Von da an ist sein Weg als Künstler von einer Unbeirrbarkeit, von einer atemberaubenden Sicherheit, und damit genau das Gegenteil von seinem äußerlichen Lebensweg. Dieses Auseinanderklaffen zwischen seinem Schaffen und seiner Biographie konnten die Geniegläubigen des 19. und 20. Jahrhunderts nicht begreifen, und es ist wohl auch uns schwer verständlich. Seit der Romantik sehen wir den Künstler als gigantischen Autobiographen, jede Laune des Alltags, Leid, Freude und Leidenschaft spiegeln sich im Werk, das schließlich zu einem riesigen Selbstporträt, zu einer Apotheose des Ich wird. Der Künstler selbst wird so wichtig genommen, daß er schließlich zum Kunstwerk wird. Ganz anders bei Mozart. Für ihn war die *Musik als solche* Gegenstand der Mitteilung und nicht seine eigene Person. Er war Künstler im althergebrachten handwerklichen Sinne: Er »konnte« alles musikalisch Denkbare realisieren, das machte seinen Stolz als Musiker aus. Seine Botschaft war sein musikalisches Können, seine Fähigkeit, Gefühle und Gedanken tiefer als andere Menschen stellvertretend mitzuempfinden, vorzuempfinde oder besser: so verstehend darzustellen, daß wir sie als unsere Gefühle und Gedanken wiedererkennen. Seine eigenen wirklichen Empfindungen müssen wohl die Basis für diese Fähigkeit gewesen sein, sie waren aber nicht der Inhalt seines Werkes. Dies war die Einstellung des Künstlers, seit die mitteleuropäische Kunst aus der Verbindung des niederbrechenden Römischen Reiches, der neuen Völker und der neuen Religion entstanden war.

So ein Künstler schuf für die Gegenwart – spätere autobiographische Geniekünstler für die Zukunft; er schuf auf Bestellung – der spätere sah die Menschheit zur Annahme jeder seiner Äußerungen verpflichtet ... Wir neigen dazu, Mozart herzlos zu finden, weil wir etwa in der Pariser Symphonie keine Spur vom Leid und Tod seiner Mutter entdecken können, im Gegenteil, unbeschwerte Heiterkeit und sogar Scherz mit den Gewohnheiten des Publikums. Der Mensch war traurig, der Komponist arbeitete so, wie er es wollte und mußte.

Die traurigen und glücklichen Erfahrungen des Lebens wurden zur Grundlage und zum Vokabular; der Komponist konnte sie dort, wo es angebracht war, in seine Musik eingehen lassen. Sie durften ihn aber nicht zur Darstellung und Illustration seines eigenen realen Lebens verführen. Das bringt mich zu einer weiteren Überlegung: Schon von sehr früher Jugend an komponierte Mozart Werke, deren emotionaler Inhalt weit über das hinausgeht, was er in diesem Alter erlebt und erfahren haben konnte. In Mozarts Kunst finde ich die Aussagen und Emotionen eines reifen Menschen, der alle denkbaren Höhen und Tiefen menschlichen Lebens kennt und vermitteln kann. Er schreibt Werke, für deren Verständnis und adäquate Interpretation Erfahrung, ja ein gewisses Lebensalter für notwendig gehalten werden – eine Alterserfahrung, die der Komponist dieser Werke selbst nie erreichen konnte, weil er schon mit fünfunddreißig Jahren starb. Ein wesentlicher Teil seiner Genialität war wohl die intuitive Erfahrung und Weisheit, die ihm alle denkbaren Facetten des menschlichen Charakters und des menschlichen Fühlens wie selbstverständlich offenbarten. So können wir von einem Jüngling die letzten und tiefsten Geheimnisse von Liebe und Tod, von Tragik, Schicksal und Schuld erfahren.

In Mozarts Opern gibt es keine guten und bösen Charaktere, nur Menschen, die vielfältig reagieren, widersprüchlich, zutiefst menschlich. Jeder Text wird durch Mozarts Musik in ungeahnte Tiefen ausgelotet, als wäre zu den Worten noch die Vielfalt der weiteren und erläuternden Ausdrucksmöglichkeiten wie Gestik, Augen, Tonfall, Körper und eine direkte, der Sprache nicht zugängliche und daher unbeschreibliche emotionale Aussage im Kunstwerk mitgegeben. Es gibt also keine Auslegung, weil Mozarts Musik Auslegung ist. – Da Mozart offenbar immer vom Menschen sprach, auch in seiner Instrumentalmusik, verstehen wir, daß alle seine Werke etwas Dramatisches, Dialoghaftes haben. Sie sprechen uns direkt an, mit einer Sprache, die unmittelbarer in unser Inneres greift, als Worte das vermögen.

Österreichische Porträts. Bd. I
Residenz Verlag, Salzburg – Wien, 1985

Mozart und die Werkzeuge des Affen

Vortrag für die Salzburger Stadt- und Landespolitiker am 11. Dezember 1991 im Schloß Mirabell anläßlich des 200. Todestages Mozarts

Die Musik – etwas Wunderbares! Allen vernünftigen Überlegungen unzugänglich … Können wir die Musik erklären … ihre Wirkung? Wieso kann die Aneinanderreihung und Übereinanderschichtung von Tönen, Klängen und Rhythmen so ergreifen?

Jedes Musikstück, das wir hören, hat auf jeden von uns irgendeine Wirkung: Entspannung, Erholung, Harmonie, Vision der Schönheit – oder auch Unruhe, Anspannung, Einblicke in Schreckliches, Anregung und Aufregung, etwas zu denken, etwas zu tun – oder womöglich auch nur Ungeduld über eine sinnlos vertönte Zeit, in der nichts »Vernünftiges« getan werden konnte.

Merkwürdig, überall, wo es Menschen gibt, gibt es Musik, gibt es Kunst (wann immer ich heute »Musik«

sage, könnte man stattdessen auch allgemein »Kunst« sagen; es gibt ja tiefe Zusammenhänge zwischen Musik und der Farbe, dem Licht, der Formgestaltung, der Dichtung usw.). In den meisten Kulturen hat die Musik mit Religion zu tun, auch bei uns, aber in einem sehr weiten Sinn.

Die Musik ist ein Rätsel, ein unerklärbares Geschenk aus einer anderen Welt, eine Sprache des Unsagbaren, die aber manchen letzten Wahrheiten und geheimnisvollen Erlebnissen wohl eher nahekommt als die *Sprache der Worte*, der Verständigung mit ihrer technischen Präzision und Logik; mit ihrer fast immer schrecklichen Vereinfachung und Folgerichtigkeit; mit ihrer unmenschlichen Klarheit, ihrem oft tödlichen Ja oder Nein.

An Mozart zu denken, macht mich traurig; wir haben ja nicht nur seine Musik zur hübschen Abendunterhaltung degradiert – wir haben in unserem unsäglichen und krebsartig wachsenden Materialismus die *Lebensnotwendigkeit* von Musik, von Kunst überhaupt, nach und nach immer weniger verstanden, bis zur heutigen Situation totaler Verkümmerung.

Die letzten 200 Jahre haben uns sehr vieles gebracht: »Fortschritt«, Technik, eine neue Art von Wissenschaft und Philosophie ... mußten wir dies nicht allzu teuer bezahlen? Kardinal König sagte einmal: »... der Weg Europas hat in eine Sackgasse geführt: Vorrang der Technik vor der Ethik, Primat der Sachwelt vor den Personenwerten ...«

Wir Menschen haben offenbar zwei Ebenen, in denen wir denken können und müssen: Die eine ist unbezweifelt und unbestritten die Logik, das rationale Denken, die Vernunft (wie man es in der Zeit der Aufklärung genannt hat) – diese Denk- und Sprechweise führt zum »Fortschritt«, zur Technik und Technokratie, zu Wohlstand, Leistung, Konkurrenz, Wissenschaft … aber, da ihr Moral und Mitgefühl prinzipiell fremd ist, auch zu Mord und Krieg, Ausbeutung und Unterdrückung. Sie ist im Grunde nur die riesenhafte und logische Steigerung der Hilfsmittel, die auch der Affe nützt, wenn er einen Stein zum Knacken der Nuß nimmt – ist im Grunde primitiv.

Die andere Denkweise ist anscheinend gar keine eigentliche *Denkweise*. Sie folgt offenbar irrational dem Herzen. Ihre Hauptantriebe sind Phantasie und Liebe – sie entzieht sich der Beschreibung, weil sie nicht der Logik folgt; Ja und Nein sind nicht so scharf getrennt; Schönheit und Wahrheit sind hier wohl fast identisch.

Alle Dummheiten, die das rationale System erträglich machen, entstehen, weil das phantastische Denken hineinregiert. Sogar die Wissenschaft wird erst interessant, wenn sie von der Phantasie gestört wird. So wird die herrliche Seifenblase der Hypothese möglich. Aus der Denkweise des Herzens entsteht die Kunst. – Kein Affe will den Stein, mit dem er die Nuß aufschlägt, mit einer Skulptur verzieren oder seine Schreie zu einem Gedicht oder Lied formen.

Ist es nicht merkwürdig, daß es keinen einzigen Menschen gibt, der sich mit der verbalen Sprache *allein* zufriedengibt? Es gibt Wirklichkeiten im Leben, die *nur* dem *Er*leben zugänglich sind, nicht der Vernunft, nicht der Sprache: Glück – Freude – Friede … oder Unglück – Haß – Schmerz. Sie werden durch das »Empfinden« erlebt; Emotion (Bewegung) und Stimmung sind ihr Ausdruck, die Musik ihre Sprache. Es leuchtet mir ein, was manche Philosophen sagen, daß es die Musik – die Kunst ist, die den Menschen zum Menschen macht. Beethoven sagte das sehr deutlich in seinem Prometheus: Die Kunst ist ein unerklärliches Zaubergeschenk, eine magische Sprache, ein Wunder.

Jeder Politiker hat eine große und sicher auch schwere Verantwortung. Es gibt kaum ein Gebiet des Lebens, das nicht von der Politik verwaltet wird, und sicherlich keines, aus dem die Politiker nicht um Hilfe angesprochen werden; man erwartet von ihnen Kompetenz auf allen Gebieten, Problemlösungen für alle Fragen. Die Musik, die in unserer Kultur seit vielen Jahrhunderten die Politik beeinflußt hat, dürfte wohl in den demokratischen Gremien heute eine geringe Rolle spielen; vielleicht überhaupt das musikalisch-musische Denken?

Wirtschaft und Wissenschaft brauchen, *scheinbar*, keine Musik – obwohl es sicher kein Zufall ist, daß Albert Einstein Geige spielte –, aber der Mensch als Individuum und die Gesellschaft würden ohne Musik verkümmern und verblöden. Hildesheimer sagt: »… Mozarts Kunst ist das Größte, was in der Welt geleistet wurde ...« Wenn das wahr ist, und ich bin davon überzeugt, dann müßten wir hier eine entscheidende Orientierung finden. Derart *Nutzloses* ist ja viel wichtiger als das *Nützliche*.

Besteht nicht die Gefahr, daß die Vernunft, die Logik, die Technik in der Not der alltäglichen Entscheidungen die Oberhand gewinnen, ja daß das Phantastische überhaupt in die Ecke gedrängt und erstickt wird? Wenn aber wirklich die Kunst den Menschen zum Menschen macht, dann müßte doch musisches, künstlerisches Denken auch im politischen Alltag immer wieder eingreifen, retten, aufklären, versöhnen: Dann würden gelegentlich naheliegende logische oder technisch korrekte Lösungen zugunsten phantastischer, schöner, unlogischer, aber künstlerischer, eigentlich menschlicher Lösungen abgelehnt. Ohne solches Denken gäbe es keine unlogisch schönen Städte wie Salzburg und keine »brotlose« Kunst.

Welche Rolle billigen wir eigentlich der Kunst zu? Lassen wir sie wirken, liefern wir uns ihrer Wirkung aus? Oder versuchen wir eher, sie zu zähmen, sie uns dienstbar zu machen? Ich bleibe jetzt einmal bei der Musik: Es gibt ja ein schönes, gefördertes Musikleben mit Opern und Konzerten. Da sollen möglichst viele Menschen nach aufreibender Alltagsarbeit Freude und Erholung finden: Man ist nervös, verärgert, ausgelaugt – die Musik beruhigt uns, stimmt uns positiv ein, gibt uns Freude und Harmonie und macht uns wieder fit für den

Alltagsstreß. Zu diesem Gebrauch ist die Musik in den letzten 80 Jahren nach und nach degeneriert (worden) – ein folgenschwerer Mißbrauch; der letzte und gefährlichste Schritt in einem langen Prozeß, die Kunst »nutzbar« zu machen im praktischen Bereich.

Man hat natürlich schon sehr früh die tiefgreifende, manchmal geradezu hypnotisierende Wirkung der Musik erkannt. Man wußte in früheren Jahrhunderten, daß Musik Haß und Grausamkeit, Begeisterung und Liebe erwecken kann, *daß sie den Menschen verändert.* Man hat »gefährliche« Musik verboten und willfährige Musik gefördert. Die Französische Revolution erkannte die politische Bedeutung der Musik, brachte sie in ein System, definierte die erwünschten Ziele und erreichte so eine bis heute wirksame und schwer durchschaubare Beeinflussung der Hörer (die Systeme des damals gegründeten Conservatoire werden zum Teil noch heute angewandt). Die Rolle der staatlich gesteuerten Musik in den Diktaturen unseres Jahrhunderts müßte bekannt sein, ist aber merkwürdigerweise kaum untersucht worden. Jedenfalls wandte man die drogenähnliche Wirkung der Musik systematisch an – wie unbemerkbare Gehirnwäsche – und verbot jede Musik (Kunst), die die freie, unabhängige und kritische Gesinnung der Menschen gefördert hätte. Gerade die Musik ohne Text war hier besonders gefährlich, weil man sich einer so starken Sprache, die ohne Worte spricht, nicht mit Gegenargumenten entgegenstellen kann.

Komponisten wie Haydn, Mozart oder Beethoven waren sich ihrer Aufgabe und ihrer Macht bewußt. Mozart schrieb 1777, er könne »... seine *Gesinnungen* und Gedanken ... durch Töne ausdrücken«. Natürlich hat sich der wahre Künstler niemals einspannen lassen, er mußte gewaltsam zum Verstummen gebracht werden, denn er kann nicht gehorchen; er muß sagen, was er zu sagen hat; er kann auch nicht schweigen. Er ist immer in Opposition. (Der zustimmende Jubelkünstler ist in diesem Moment kein Künstler.) Ein falscher Inhalt demaskiert sich in der Kunst. Kunst ist der Tyrannei gefährlich. Kunst macht Mut. Kunst löst den Krampf, man kann wieder klar sehen und denken: das Schöne, wie schön es ist – das Wahre, wie stark bin ich wieder – das Schreckliche, wie grauenvoll es ist. Kunst ist also, und war immer, der Macht gefährlich. Ihr Wert, ihre Lebensnotwendigkeit standen stets außer Frage. Heute meint man, ohne Kunst leben zu können, indem man sie zum hübschen und nützlichen Erholungsspiel macht ... Die Vernunft ist im Begriff, uns zu unmenschlichen Ja-Nein-Wesen zu deformieren:

Erst die Arbeit, dann das Spiel.

Der Künstler nützt nicht, denn er arbeitet nicht.

Der Mensch lebt, um zu arbeiten.

Die Kunst dient der Erholung – man kann dann wieder besser arbeiten.

Arbeitslosigkeit – das Stigma unserer Zeit. – Aber:

Nur durch die Kunst besteht der Mensch.

Lernen kann man nur im Spielen.

Beantworte das mit JA ODER NEIN!

Regeln und Gesetze sind notwendig für das Zusammenleben, aber das wirkliche Leben ist irregulär, solange es lebenswert sein soll. Mozarts g-Moll-Symphonie wirkte auf seine ersten Hörer derart aufrüttelnd und erschütternd, daß man fragte, ob dies dem Hörer zugemutet werden dürfe. Wir können uns solche Reaktionen heute kaum mehr vorstellen: Die g-Moll-Symphonie wird als schönes und harmonisches Werk Mozarts am Anfang oder am Ende eines Konzertes gespielt und erfüllt dabei sehr gut die Funktionen des Beglückens, Beruhigens und Erholens.

Diese prinzipielle Verschiedenheit der Wirkung von Musik damals und heute hat zu tun mit der Rolle, die die Musik, die Kunst, im Leben damals und heute spielt. Sie war einst ein *wesentlicher* Bestandteil des Lebens. Man wurde zur Musik erzogen, von Kindheit an; im Erziehungs- und Schulsystem war die Musik den sprachlichen Fächern Grammatik, Dialektik und Rhetorik gleichgestellt. Wer eine Schule absolviert hatte, »verstand« Musik; das heißt aber, daß der Ausbildung des phantastischen, außerlogischen Denkens genausoviel Sorgfalt gewidmet wurde wie der Ausbildung der Vernunft. Unser Erziehungssystem hat sich etwa in den letzten 100 Jahren weit von diesem Prinzip entfernt. Wir sind so stolz auf unser technisches Denken, auf Logik und Vernunft, daß wir den Verlust des Phantastischen nicht mehr empfinden. So ist es kein Wunder, wenn Musik uns nicht mehr lebensnotwendig erscheint.

Freilich, es gibt Momente, wo wir die alte erschütternde und verändernde Kraft ahnen, wo uns Musik unerwartet im Tiefsten anrührt: Wenn wir persönlich großes Glück oder tiefes Leid erfahren, dann kann Musik die letzten Krusten unseres Inneren aufbrechen, und wir wissen nicht mehr, was mit uns passiert. Mozart schrieb wenige Monate vor seinem Tod: »… gehe ich ans Clavier und singe etwas … so muß ich gleich aufhören – es macht mir zuviel Empfindung« (er weinte).

Indem wir die Musik aus der Mitte unseres Lebens gedrängt haben, haben wir den größten Schatz weggeworfen, der uns geschenkt war.

Die Musik spielt in der *Erziehung*, den Lehrplänen unserer Schulen fast keine Rolle mehr, wie sollen wir sie dann verstehen? Es gibt Mahner, die erkennen, daß das weitgehende Fehlen der Musik in unserem Schulsystem spürbare Defizite in der heutigen Gesellschaft zur Folge hat. In einer oder zwei Generationen können wir auf Mozart verzichten, denn was er uns dann noch zu sagen hat, ist ferne Historie, Nostalgie, eine unverständliche Sprache aus der Vergangenheit.

Die Lehrpläne werden seit Jahrzehnten von Menschen erstellt, die wohl ihre Verantwortung kennen mögen, aber in diesem Bereich offenbar nicht wissen, was sie tun. Jeder Tageszuwachs an quantitativem Wissen findet sofort und beflissen seinen Niederschlag in den Lehrplänen. So ersticken Schüler und Lehrer im Lehrstoff; als ob es nicht für jeden interessierten Menschen leicht wäre, sich auf der gut fundierten Basis eines zeitlosen Grundwissens selbst weiter zu informieren. Dieser riesige Wust von unnützem Lehrstoff führt zur Austrocknung der Bildung. Dem nur scheinbar nützlichen Tageswissen wird die Sprache, die Kunst, die Allgemeinbildung geopfert. Der Preis ist allzu hoch, denn der Fehler kann nicht mehr rückgängig gemacht werden, wenn er zu spät erkannt wird.

Wir entwickeln uns auf das dekultivierte Nützlichkeitswesen hin, das schließlich nicht einmal mehr fähig sein wird, die Grausamkeit, Unmenschlichkeit und letzte Unnützheit seiner *vernünftigen* Aktionen zu verstehen. Die Vernunft hat kein Herz, ohne Musik ist der Mensch kein Mensch.

Zeitgeist, Mode und Wahrheit

Rede zur Eröffnung der Salzburger Festspiele, Juli 1995

Wir sind gut trainiert im Eigenlob. Jubiläen sind meist Jubelveranstaltungen. Weiter bringt uns das nicht. – Kritische Überlegungen können weniger festlich sein, sie können aber mehr bewirken.

75 Jahre, 50 Jahre, da gibt es einiges zu bejubeln, zu bedenken, zu fragen. Die Bedeutung und Rolle der Kunst – ihre Verquickung mit Politik –, ihre mögliche Wirksamkeit. Wem dient sie? Gibt es eine die Zeiten überdauernde künstlerische Wahrheit? Was ist Wahrheit?

Die Kunst ist eine andere Sprache, immer jenseits des Praktischen, vielfach jenseits des Logischen; eine ihrer Denkgrundlagen ist die Phantasie, vielleicht das »Denken des Herzens«, wie es Pascal der Logik, dem »arithmetischen Denken« gegenüberstellt. Zwei Denkweisen, die in unserer Kultur früher selbstverständlich nebeneinander existierten, ineinandergriffen, einander belebten. Die Kunst war früher eine selbstverständliche, notwendige und natürliche Äußerung. Heute könnte man sich fragen, ob etwas so Unnatürliches, Unnützliches wie die Kunst in unserer von der siegreichen Logik dominierten Welt überhaupt noch einen Platz hat. Man kann nicht erklären oder verstehen, warum es so etwas geben muß; warum wir das Wunderbare brauchen, das Transzendentale – das die Begriffe Übersteigende.

Ja oder nein, 1 oder 0, die radikale Sprache der Logik scheint nun zu unserer Denkgrundlage zu werden. In einem jahrhundertelangen Prozeß, der zu immer »klareren«, »unmißverständlichen« Formulierungen geführt hat, wird unserer Sprache der Zweifel ausgetrieben. Alles, was wir sagen, ist nun entweder richtig oder falsch, gut oder schlecht. – Das Gespräch, die alte Form der suchenden Einkreisung von Gedanken und Ideen, und mit ihm der Reichtum der Sprache, verschwindet nach und nach.

Es ist unnötig geworden. Dafür gibt es auf der einen Seite das juristisch-bürokratische Argumentieren, das klar und amoralisch zum *Ja* oder *Nein* führen muß; oder, auf der anderen Seite, das Brabbeln aus allen Medien, den »Small talk«, die nichtssagende Unterhaltung.

Wie froh müssen wir sein, solange man uns die magischen Sprachen, die ohne Worte, nicht nehmen kann:

die Musik, die Architektur, die bildende Kunst – und natürlich auch die Dichtung. – Hier lebt noch das Phantastische, hier gibt es noch Zweifel, Vielschichtiges, Vieldeutiges.

Der Künstler ist seit jeher eine Art Seismograph der geistigen Situation seiner Zeit; seine Werke nehmen Stellung zum Allgemeinen, sie sind kaum von seinen persönlichen Lebensumständen diktiert. – Ein Künstler, der uns in seinen Werken seine private Autobiographie aufdrängt, verrät die Kunst; es ist Teil seiner Professionalität, das künstlerische Schaffen vom Privatleben zu trennen. Mozart schreibt auch in persönlich sehr traurigen Situationen, etwa nach dem Tod seiner Mutter oder dem seines Vaters, ohne weiteres heitere Musik, andererseits spiegeln auch traurige Werke, wie etwa das Todesquartett im *Idomeneo (Nr. 21, Andrò ramingo e solo),* absolut keine traurige Lebenssituation. – Oder: Die persönliche Religiosität eines Künstlers ist auch an den größten Werken religiöser Kunst nicht ablesbar – sie können durchaus von areligiösen Künstlern geschaffen werden, denn kein Künstler kann mit seiner Kunst aus seiner Zeit heraustreten, er spiegelt stets ihre Situation und ihr Klima – die geistige Situation der Zeit ist es, die bewußt oder unbewußt dargestellt wird.

Dies mag einer der Gründe sein, warum etwa deutsche oder italienische Bauten der dreißiger und vierziger, aber auch noch der fünfziger Jahre – leider auch hier in Salzburg – eine so beklemmende Ausstrahlung haben; selbst dann, wenn sie von antifaschistischen Architekten errichtet wurden. Sie demonstrieren die damals herrschende Gesinnung, und sie erinnern uns hart an diese Zeit.

Ist der Künstler also einerseits untrennbar dem Zeitgeist verpflichtet, so ist er doch – *scheinbar* im Widerspruch zum eben Gesagten – in seiner künstlerischen Aussage stets souverän. Weder sein Auftraggeber noch sein Mäzen kann, über das Äußerliche hinaus, Einfluß auf das Werk nehmen. Die großen Auftraggeber aller Zeiten haben das offenbar verstanden und gewollt oder wenigstens toleriert. – Die Kunst kann ihre Aufgabe, den geistigen Zustand ihrer Zeit zu spiegeln und dabei stets *Opposition und Widerpart zum Status quo* zu sein, prinzipiell nicht verraten, denn kaum versucht ein Künstler dem Auftraggeber auf Kosten seines inneren Auftrages zu willfahren, hört sein Schaffen auf, Kunst zu sein. Kunst ist unbestechlich, sie läßt sich nicht korrumpieren.

Es ist ein merkwürdiges Phänomen, daß die Mächtigen aller Zeiten die Künstler förderten und ihr Wirken anregten, obwohl sie gefährliche Kritiker waren. Es scheint eben ein unbewußtes Einverständnis darüber zu geben, daß eine Idee erst in der Durchleuchtung auch der Gegenposition vollständig ist. Kunst war in unserer Kultur ja immer Auftragskunst, und dennoch ist der wahre Künstler niemals käuflich. – Betrachten wir die Werke der Komponisten, Maler, Dichter, die im Dienste der geistlichen oder weltlichen Macht arbeiteten: etwa die Fresken Michelangelos, die Bilder Goyas, die Symphonien Haydns, die Opern Mozarts, die Theaterstücke Molières und Shakespeares. Da die Aussage von Kunstwerken subversiv, also nur selten greifbar ist, ist sie besonders wirksam. – Das ohnmächtige und lächerliche Wirken von Zensur konnte die Kunst niemals wirklich ersticken. Dort, wo Machthaber tatsächlich Künstler zu Mitläufern deformieren konnten, wurde auch deren Kunst deformiert: etwa in Hitlers oder Stalins Machtbereich. Sie hat in ihrem bedingungslosen Zustimmungs-, ja Propagandacharakter ihr Profil verloren. Sie hat sich selbst aufgelöst, indem sie zur Staatskunst wurde. – Es ist bezeichnend, daß derartige totalitäre Systeme die oppositionelle Kunst stets verteufeln und die Künstler unterdrücken. – Die Diktatur muß sich ja der Kunst bemächtigen, denn diese spricht eine unangreifbare Sprache, gegen die man nicht argumentieren kann, sie dringt ein durch die Augen, die Ohren, das Gemüt; unbekämpfbar und gefährlich.

Kehren wir zur fünfundsiebzigjährigen Geschichte dieser glanzvollen Festspiele zurück, sie ist ja zugleich mahnende Geschichte der Bedeutung und der versuchten Benutzung der Kunst in diesem Jahrhundert. – Die ersten vierzehn Jahre waren geprägt von den Gründern Max Reinhardt, Hugo von Hofmannsthal, Richard Strauss, Alfred Roller, Franz Schalk, später Bruno Walter und Arturo Toscanini – großen schöpferischen Persönlichkeiten, die die Festspiele zu einem einzigartigen und durchaus kreativ-konfliktreichen Ort der künstlerischen Auseinandersetzung und Begegnung machten. Doch wurde schon ab 1933 von Deutschland aus versucht, sie politisch zu benutzen und zu beeinflussen: die Nazis boykottierten sie und verspotteten deren »jüdisch kosmopolitische Fratze«. An den Festspielen teilzunehmen, sagte man in Deutschland, »läuft der Politik des Führers Österreich gegenüber zuwider«. Vielen von den Nazis kontrollierten und auch irgendwie abhängigen Künstlern wurde die Teilnahme verboten, Furtwängler und Richard Strauss sagten »... im politischen Interesse« ab, bitter bemerkte man in Salzburg, Strauss »... habe seinem eigenen Kind nicht die Treue gehalten«. Pfitzner sagte ab, weil Salzburg, wie er schrieb, »... gegen das erwachende Deutschtum, zu dem ich mich voll und ganz bekenne«, vorgehe. Dann 1938, nach dem sogenannten »Anschluß« Österreichs, änderte sich das Bild schlagartig: Die jüdischen Künstler und diejenigen, die aus ethischen Gründen nicht mitmachten, mußten ersetzt werden. Das Reichspropagandaministerium übernahm die Verantwortung für die Festspiele und brüstete sich, man habe seit Ende März »... ein völlig verjudetes Programm auf den Kopf stellen müssen ...« Statt Max Reinhardt, Bruno Walter, Arturo Toscanini,

Fritz Busch, Otto Klemperer, Herbert Graf, Bernhard Paumgartner, Lotte Lehmann und anderen ist nun eine neue Interpretengruppe am Werk. Die Festspiele sollten die kulturelle Kompetenz der Nazi-Herrschaft vor der Welt demonstrieren, deshalb wolle man, »... bei aller Betonung des Deutschen, entscheidenden Wert auf deren internationalen Charakter...« legen. Die deutsche Presse sollte »... eine Art Trommelfeuer für Salzburg unternehmen und das gesamte deutsche Volk aufrufen, ›die Sache Salzburgs‹ zu seiner eigenen Sache zu machen«.

Es ist möglicherweise unzulässig, das Verhalten der damals auftretenden Künstler aus heutiger Sicht zu kritisieren, wir müssen aber erkennen, daß die Nazis das internationale Ansehen der ihnen gehorchenden Künstler schamlos benutzten: Wo so Musik gemacht wird, wo solche Schauspieler die Klassiker spielen, da müssen wohl auch die ethischen Standards die höchsten sein. – Das Land Bachs, Hölderlins, Goethes und Mozarts verbarg seine barbarischen Pläne hinter dem Glanz seiner Kultur. Das wirkliche Antlitz der Diktatur wurde dadurch verborgen und verschleiert, daß die weltberühmten deutschen und österreichischen Musiker hier Beethoven und Brahms zelebrierten (natürlich nicht Mendelssohn und auch keine Moderne). Viele der besten Künstler haben mitgemacht – sie erkannten offenbar nicht, wie sehr sie damit zum internationalen Ansehen des Nazismus beitrugen. Das Mitmachen zahlreicher Geistesgrößen hat sicherlich viel zur Stärkung des Regimes und zur Schwächung des Widerstandsgeistes beigetragen.

Jetzt, im nachhinein, vielleicht als eine Lehre aus dem Geschehen, müssen wir sagen: Ebenso, wie kein schaffender Künstler sich mißbrauchen läßt, ohne dadurch seine Kunst zu verraten, hätten wohl auch alle nachschaffenden Künstler – Musiker und Theaterleute – verstummen müssen oder weggehen, und nicht, wie viele unter ihnen, kriecherische und begeisterte Ergebenheitsadressen verfassen. – Je größer der Name, desto größer die Verantwortung. – Kunst und Künstler können dem Totalitarismus zu Ansehen verhelfen, das wissen wir jetzt. Nur ganz wenige wußten das damals schon; einer der größten von ihnen war Toscanini, der sich weigerte, im faschistischen Italien Musik zu machen – der zwischen 1934 und 1937 einer der prägenden Gestalter der Salzburger Festspiele war, der sich aber noch *vor dem Einzug der Nazis* bedingungslos zurückzog, als der österreichische Bundeskanzler mit Hitler verhandelte.

In den Jahren der Nazizeit überlebten die Salzburger Festspiele nicht sehr ruhmreich als Megaphon des Propagandaministers. Es fällt auf, daß Beethovens *Fidelio* und seine Neunte Symphonie damals immer wieder gespielt wurden. Fast diabolisch feinfühlig erkannte man das Agitatorische in der Musik Beethovens, das sich so vielfältig umdeuten läßt. – Diese beiden Werke konnte und kann man ja auch bei vielen anderen Gelegenheiten mißbraucht hören: zum Anschluß Österreichs, zum Kriegsbeginn, zur Kriegsbegeisterung, zum Kriegsende, zu jedem Umsturz, zu jeder Wende in jeder denkbaren Bedeutungsverfälschung. Verfälschte »Wahrheit« – die Neunte Symphonie ist eben kein vordergründiger Triumphgesang, sondern stellt eine schmerzhafte Wegsuche aus Chaos und Ratlosigkeit dar. – *Fidelio* ist kein Befreiungs- oder Unterdrückungsdrama, sondern ein Hohelied auf die alles überwindende Liebe.

Ich habe vor ungefähr vierundfünfzig Jahren hier ein Konzert im Festspielhaus erlebt und erinnere mich an herrliche Musik – im Saal, der vom »Reichsbühnenbildner« Benno von Arent auf weißes »Mozart-Rokoko« verkitscht war, saßen vorwiegend Menschen in Uniformen: verwundete Soldaten, Rotkreuzschwestern, goldbraune Parteibonzen, SS-Männer, Männer der Organisation Todt, des Reichsarbeitsdienstes, dann Rüstungsarbeiter und die Leute, die von der NS-Gemeinschaft »Kraft durch Freude« herangekarrt worden waren. Im ganzen eine beklemmende Erinnerung: Festspiele im Dienste des Krieges, zur Förderung des Genesungswillens, des Arbeitswillens, einer vordergründigen Lebensfreude, die vom Grauen und vom Verbrechen ablenken sollte. Ich weiß nicht mehr, was gespielt wurde, aber wenn ich die damaligen Programme durchsehe, vermute ich, daß es sogenannte heitere

Musik der Strauß-Familie war. Da diese Musik für den Aufbau einer positiven Stimmung unbedingt gebraucht wurde, unterschlug man sogar die jüdische Herkunft von Strauß. – Hitler hatte angeordnet, daß in Salzburg die heitere, unbeschwerte Kunst dominieren sollte. – Lehár dirigierte hier eigene Werke, die Exlbühne aus Innsbruck spielte Bauernschwänke – Mozart mußte auf einen Rokoko-Apoll umgedeutet werden – *so* zierte er auch das Plakat der Festspiele –, laut Anordnung mußte »das Düstere …«, nämlich die dunkle Holzverkleidung im Festspielhaus, einer »Grundstimmung beschwingter Freude, graziösen Humors und Heiterkeit« weichen. Der Reichsbühnenbildner hatte mit weißem Gips und Stuck Pseudobarock herzustellen. Es ist bezeichnend, daß das Propagandaministerium den urigen Stil des damaligen Festspielhauses, wie er den Nazis für andere Zwecke durchaus vertraut und willkommen war, für ihre tänzelnd-heiter verharmlosende Mozart-Auffassung nicht akzeptierte. Hier in Salzburg sollte man vergessen und genießen.

Nach dem Krieg errichtete man dieses große Haus hier, die glänzende Spielstätten für das Auftrumpfen und Vergessen der Nachkriegszeit – auf der Strecke blieb das so wichtige, bescheidene Haus für Mozart, auf das wir hier noch immer warten.

Wir müssen versuchen, diese Jahre vor dem Vergessen zu bewahren – eine geradezu unmögliche Aufgabe, denn der Mensch hat eine unbegreifliche Eigenschaft hinsichtlich seiner Vergangenheit und Zukunft: Er kann nicht aus der Geschichte lernen. Er glaubt nicht wirklich, was er nicht am eigenen Leib erfahren hat. – Das ist es, was uns im Umgang mit unserer *Vergangenheit* Angst machen muß. Ebenso geht es uns auch hinsichtlich der *Zukunft*: Fundierte Warnungen vor drohendem Unheil hören wir, finden sie auch beachtenswert, aber wir ziehen keine Konsequenzen. – Die Zukunft gibt es für uns erst, wenn sie da ist, die Katastrophe trifft uns immer unvorbereitet – auch wenn wir sie lange vorher hätten erkennen können.

Von dieser pessimistischen Zeitbetrachtung möchte ich auf ein anderes Zeitphänomen kommen, den *Zeitgeist*, einen nahen Verwandten der Mode. Er scheint eine vage, im Prinzip nicht existente Erscheinung von großer Macht zu sein. Er zwingt uns, heute so, morgen anders zu denken; das, was wir gestern schön und richtig fanden, heute lächerlich und falsch zu finden. Man könnte diesem Zeitgeist durchaus auf die Spur kommen, Sinn und Gesetzmäßigkeit in seinem Schwanken finden – aber das will man gar nicht, man will immer wieder kollektiv auf ihn hineinfallen, wie in der Mode – ja, man kann ihn geradezu mit der Mode vergleichen. Wir könnten beispielsweise an irgendeinem Kunstwerk das Wirken des Zeitgeistes durch die Jahrhunderte verfolgen: wie es zuerst berühmt und hochgeschätzt, dann wieder verworfen wird, um später in höchste Höhen aufzusteigen. – So könnten wir etwa auch das Auf und

Ab in der Wertschätzung von Mozarts *Così fan tutte* verfolgen: Diese Oper, heute ein Inbegriff der Vollkommenheit, wurde schon kurz nach ihrer Entstehung, als in jeder Hinsicht mißglückt, abgelehnt. Später versuchte man, wenigstens ihre Musik zu retten, indem man eine neue Handlung darüberstülpte – eingreifende Bearbeitungen (vom Zeitgeist diktiert) veränderten das Stück mehrmals. Noch vor dreißig Jahren rühmten sich Musiker, sie hätten das Werk für unsere Zeit gerettet, indem sie es durch Kürzungen erträglich machten. Wo also liegt die Wahrheit? Welche Zeit hatte den Schlüssel?

Verstehen wir etwa heute mehr von Kunst als die Menschen früher? Woher kommen all die Fehlurteile: über Bachs frivole Opernhaftigkeit, Mozarts unerträglichen Überschwang, Beethovens bizarre Modulationen etc. etc.? Bedenken wir, daß noch vor neunzig Jahren ein Maler wie El Greco nicht einmal erwähnenswert war (Meyers Lexikon), daß van Goghs Bilder keine Interessenten fanden!

All die so verschiedenartigen Werturteile wurden ja von interessierten Menschen gefällt, die es durchaus nicht verdienen, ausgerechnet von uns verlacht und verachtet zu werden. – Man meint eben immer wieder, trotz aller Rückschläge unbelehrbar, unsere Beurteilung von Kunstwerken gelte für alle Zeiten. In Wahrheit ist das große Kunstwerk ein vieldeutiges, komplexes Gebilde, das kaum von einem einzelnen Menschen in allen Facetten begriffen werden kann, weil es mannigfaltige Sichtweisen zuläßt, ja fordert, das über Jahrhunderte von Generation zu Generation immer wieder neu gesehen, neu gedeutet wird, das sich gleichsam verwandelt: ein Kosmos, der sich sozusagen dreht und dem Betrachter immer wieder eine andere Seite zeigt; ihn, der niemals das Ganze überschauen kann, gleichsam täuscht, indem es ihn immer wieder glauben macht, nun das Ganze zu sehen, nun die »richtige« Deutung gefunden zu haben. Man ist offenbar unfähig dazuzulernen, denn diese Meinung wurde ja jedesmal, bei jeder neuen Deutung und Erkenntnis vertreten, und sie wird auch die heutigen, so siegreich verkündeten Ergebnisse spätestens in zwanzig Jahren als »falsch« verwerfen.

Was ist Wahrheit? Diese Pilatusfrage steht, wie über jedem Urteil in Lebensfragen, auch über jedem Urteil in der Kunst; sie kann nicht beantwortet werden, wenigstens nicht mit der erwünschten Eindeutigkeit. So gut wir anscheinend erkennen können, was falsch ist, so schlecht läßt sich das Richtige definieren. – Selbst im Alltagsleben ist Wahrheit ja kaum zu erkennen, vielleicht ist sie uns überhaupt unzugänglich, ein ungreifbares Phantom … und dabei sollten wir es bewenden lassen.

Die unerfüllbare Forderung nach Wahrheit treibt den Menschen in die Enge, läßt ihn vor all den unweigerlich auftretenden Widersprüchen erschrecken und nach Auswegen suchen. Nur der besonders raffinierte Schwindler widerspricht sich nie, denn alle ehrlichen Widersprüche sind ja Teil der Wahrheit – oder es wäre nur deine oder meine Wahrheit. – So viele Menschen über ein Erlebnis berichten, so viele – stets unterschiedliche – Wahrheiten gibt es wohl. Wir wollten endlich die ständige und geradezu lüsterne Suche nach Widersprüchen in den Aussagen unserer ehrlichen Dialogpartner aufgeben: Es sind keine Widersprüche, es sind die vielfältigen Facetten der Wahrheit.

In der Kunst, die ja sehr tiefe und reichhaltige Einblicke ermöglicht, sieht jede Generation neue und oft diametral entgegengesetzte »Wahrheiten«. Kann man da noch von »richtig« und »falsch« sprechen, oder müssen wir vielleicht dafür ganz neue Kategorien finden? Wenn wir den vergangenen Generationen dieselben Fähigkeiten, dieselbe Urteilskraft zugestehen wie uns selbst, müssen wir wohl auch ihre Auffassungen zumindest respektieren, vielleicht sogar zu verstehen suchen; sie sind ja nicht falscher als die unseren, auf die wir uns soviel einbilden. Erkenntnisse, die zu Korrekturen unseres Weltbildes führen, können nur von überheblichen Fortschrittsanbetern als Schritte zum schließlichen Verständnis des Weltgeheimnisses gedeutet werden; im Grunde sind es nur immer neue Facetten desselben Unbegreiflichen.

Wie oft mußten und müssen die Astronomie, die Physik, praktisch jede Wissenschaft, von der Basis her korrigiert werden, es scheint, als liefen wir auf Kreisbahnen, deren Zentrum wir ja doch nie erreichen können, weil das letzte Geheimnis unergründlich bleibt. Die Erde war schon eine Scheibe, eine Hohlkugel, eine Kugel im Zentrum der Welt – ein Stäubchen im »All«; und immer war dies zu seiner Zeit gelebte Wahrheit.

Aber auch im historischen Bereich ist Wahrheit nicht zu finden. Geschichtliche Fakten werden stets höchst fragwürdig bleiben. Oscar Wilde schrieb: »Ausführlich zu schildern, was sich niemals ereignet hat, ist nicht nur die Aufgabe des Geschichtsschreibers, sondern auch das unveräußerliche Recht jedes wirklichen Kulturmenschen.« Um diesem Satz seine verdiente Glaubwürdigkeit zu geben, zitiere ich zum gleichen Thema noch Egon Friedell: »Geschichtsschreibung hat einen künstlerischen wie einen moralischen Charakter; daraus folgt, daß sie keinen wissenschaftlichen Charakter hat. Daß Dinge geschehen, ist nichts: daß sie gewußt werden, ist alles. Die ganze Welt ist für den Dichter geschaffen, um ihn zu befruchten, und auch die ganze Weltgeschichte hat keinen anderen Inhalt.« Und zuletzt noch Oswald Spengler: »Natur soll man wissenschaftlich traktieren, über Geschichte soll man dichten. Alles andere sind unreine Lösungen.« Natürlich sind diese Äußerungen, und auch meine Meinung, für die ich sie als Kronzeugen heranziehe, widersprüchlich – sonst hätten sie ja gar keinen Wert, und die Geschichte hat auch einen

Aspekt von absoluter Wahrheit, der sehr ernstgenommen werden muß.

Jedes Zeitalter, ja jede Generation hat ihre eigene Identität – Ähnliches habe ich vorhin Zeitgeist genannt –, wodurch sich auch der Blick in die Vergangenheit, in die Geschichte verändert. Diese wird fortwährend und radikal uminterpretiert.

Was wirklich war, wird man nie erfahren – auch nicht, wie Beethoven seine Symphonien, Mozart seine Opern aufgeführt haben wollte; es fällt schwer, all die unterschiedlichen Auffassungen der letzten zweihundert Jahre als legitime Deutungen zu akzeptieren, und doch stellen auch wir mit all unserer wissenschaftlich übertünchten Selbstgefälligkeit nur einen Schritt auf diesem Wege dar. Es ist nur *unsere* Wahrheit. Der stetige Wandel der Sichtweise ist uns wohl von Natur aus eingepflanzt. Der Mensch kann eben nicht objektiv sein. Friedell sagt dazu: »... er ist ein stets urteilendes Wesen ... interpretiert alles, beschönigt, verleumdet ... zwanghaft ...« Es ist uns angeboren, jede Erkenntnis in Frage zu stellen, sie von allen Seiten mit Gegenargumenten einzukreisen, sodaß ihre »Wahrheit« schließlich aus einem Konglomerat widersprüchlicher Aussagen besteht. Niemand kann seine Aussage vor Mißverständnissen bewahren, indem er von vornherein alle denkbaren Einwände durch Erklärungen abdichtet; irgendwo findet sich immer eine undichte Stelle. – Aus diesem uns eingebauten Drang, zu widersprechen, die Richtigkeit des Gegenteils beweisen zu wollen, entstanden die oft bizarren Wandlungen des Zeitgeistes, der Mode. Wir glauben eben an die größere Kraft unserer Argumente; um beim Bild der Mode zu bleiben: Wir finden die heutige Mode wirklich schöner, richtiger, besser als die von gestern, ja wir lachen über das Gestrige, wir verlachen es, finden es lächerlich. Waren wir wirklich vor dreißig oder fünfzig Jahren so blöd, uns solche Hüte aufzusetzen, uns so zu kleiden? So zu musizieren? Solche Kunstwerke zu bewundern?

Wie wurde noch vor fünfzig Jahren über den Jugendstil gelästert oder über die schwülstige Interpretation von Musik am Anfang dieses Jahrhunderts? – Ich habe selbst erlebt, wie zweieinhalbtausend Musikliebhaber brüllten vor Lachen, als man ihnen frühere – und wie ich meine, herrliche – Aufnahmen von Mozarts zweiter Arie der Königin der Nacht vorspielte. Leider fürchte ich, daß das Experiment umgekehrt denselben Effekt hätte – die Hörer von 1908 wären von unseren erlauchtesten Aufführungen wohl ebenso entsetzt, fänden sie (zu Recht) ebenso lächerlich. Wir sind also jederzeit bereit, den Geschmack, das Kunstverständnis unserer Eltern und Großeltern zu verlachen, weil wir in unbegreiflicher Überheblichkeit unseren eigenen, rundum gesellschaftlich abgesicherten Geschmack für den richtigen halten. – Vielleicht sollten wir uns aber bewußtmachen, daß unsere Kinder und Enkelkinder ziemlich bald, mit demselben Recht, ebenso über uns lachen werden, daß die nächste Modeströmung, der nächste Interpretationstrend unweigerlich im Kommen ist.

Anscheinend brauchen wir diesen stetigen Wandel, um die Dinge vielseitiger und genauer zu erkennen. Die Mode im engeren Sinn scheint mir auch hier stets gute Beispiele dieser Dialektik zu liefern: Man will nicht nur einfach ›schön‹ sein, sondern bewußt Eigenschaften hervorheben, die vorher vernachlässigt schienen. Beim nächsten Trendwechsel wird wieder Gegenteiliges hervorgehoben. Jede Erkenntnis fordert eben den Widerspruch heraus – die These die Antithese. Der Status quo wird geradezu prinzipiell in Frage gestellt, man sucht das Neue, die Veränderung. – Weil aber das Gegenüber, also das Publikum, naturgemäß den Status quo liebt, erzeugt jede Veränderung Widerspruch. Dieser Widerspruch, dieser unvermeidliche Konflikt ist die schöpferische Reibungsfläche jeder Kunst. Neues wurde stets zugleich begrüßt und angefeindet; Reaktionen etwa auf Mozarts g-Moll-Symphonie, die man als unzumutbar aufwühlend empfand, oder auf Beethovens Zweite Symphonie, die als »crasses Ungeheuer … ein aus Bizarrerie fast bis zur Carricatur getriebener Haydn« empfunden wurde, bezeugen das. So kann man auch Beethovens Verzweiflung über den dauerhaften Erfolg seines – wie er fand – allzu hübschen Septetts verstehen.

Ein Kunstwerk, das ja anregen, bewegen will, braucht also die qualifizierte Ablehnung genauso wie die Zustimmung. Wo also der Status quo nicht in Frage gestellt wird, wird die Kunst an den vordergründigen Erfolg verraten – und dazu ist kein echter Künstler bereit. Er würde sonst zum käuflichen Werbeträger (etwa zum »Botschafter seines Landes«, wie ein Dressurpferd). Hier liegt auch wohl die größte Gefahr für Festspiele: Gegründet von Künstlern als Forum erregender und erhellender Auseinandersetzung, haben sie die Tendenz, zur unangefochtenen Institution und dann immer mehr zum bequem erfolgsorientierten Kurbad zu werden – zum Nachteil der Kunst.

Immer wieder im Laufe der Zeit haben wir versucht, uns an die konfliktfreie, »schöne« Seite der Kunst zu klammern, stets hat sie die Parasiten abgeschüttelt. Auch ein Mozart läßt sich nur für kurze Zeit auf den Propheten des Schönen, des Harmonischen, des Konfliktfreien reduzieren – seine ganze Wahrheit wird immer wieder durchbrechen.

Die Kunst ist eine Sprache, die Verborgenes aufdeckt, Verschlossenes aufreißt, Innerstes fühlbar macht, die mahnt – erregt – erschüttert – beglückt.

Aber will denn Kunst nicht die Schönheit? Ja und nein. Wenn alles schön ist, ist's nur schön und merkwürdigerweise nicht Kunst. Die Schönheit in der Kunst schließt das Gegensätzliche ein und heißt Wahrheit, sie kann sehr beklemmend sein.

Die Kunst erschließt uns unsere verborgensten Eigenschaften und Möglichkeiten. Der Mythos erzählt von David, der den Wahnsinn Sauls mit seiner Harfe besänftigte, von Orpheus, dessen Gesang sogar die Steine bewegte, von Timotheus, der durch sein Lautenspiel Alexander in Raserei und Haß versetzen, aber dann ebenso zu Mitleid und Liebe bewegen konnte. Die Musik ist auch wie eine Trommel, die den begeistert und ermutigt, *für* den sie trommelt, und den in Angst und Panik versetzt, *gegen* den sie trommelt.

Gedichte, Bilder und Skulpturen sprechen, erreichen uns auf geheimnisvollen Bahnen. Ich bin glücklich, als Musiker beheimatet zu sein in einer wunderbaren wortlosen Sprache. Ich liebe die Transparenz, und ich liebe das Geheimnis in der Kunst. Alles, was ich als schön und beglückend empfinde, ist geheimnisvoll und ist doch zugleich ganz deutlich. Licht und die Form haben eine ebenso magische Sprache wie Töne und Klänge. Doch sind es stets Wellen, Schwingungen – wohl das Real-Irrealste, das man sich vorstellen kann. – In der Musik wird für Geheimnisse und Spannungen des Lichtes dieselbe Bezeichnung verwendet wie in der Malerei: chiaro-oscuro. Mozart selbst meinte, dieses Hell-Dunkel, diesen Gegensatz, besonders tief zu verstehen und ausdrücken zu können.

Unsere Zeit scheint sich immer mehr vom Geheimnisvollen und Phantastischen zu entfernen. Haben wir Angst vor dem Unerklärbaren? Haben wir uns verirrt?

Wenn noch ein Weg offen ist, könnte die Kunst helfen, ihn zu finden. Nur dort ist menschliches Leben, wo es lebendige Kunst gibt – dieses Leben würde erlöschen, wenn das Ja und Nein die Antwort auf alles ist.

Ein Griffel in der Hand Gottes

Rede anläßlich Mozarts 250. Geburtstag, einem Festakt im Mozarteum, 27. Jänner 2006

Weil ich meine, Mozarts Symphonie ist die eigentliche Eröffnungsrede, möchte ich Sie vorher begrüßen, meine sehr geehrten Damen und Herren. Die Symphonie, die wir jetzt spielen werden, wurde als Mittelstück der sicherlich zusammengehörigen drei letzten Symphonien komponiert. Sie stellen offenbar eine Art Weg des Menschen zu einem Ziel dar.

Ausgehend von der Symphonie in Es-Dur, dem Ton der Liebe, aber auch des »feierlichen Ernstes«, führt Mozart uns in die Abgründe der alles in Frage stellenden *g-Moll-Symphonie* – um danach im strahlenden C-Dur der *Jupiter-Symphonie* alles glücklich aufzulösen und den zuvor verstörten Hörer in Harmonie zu entlassen. Von den mehr als vierzig Symphonien Mozarts stehen nur zwei in Moll, beide in g-Moll. – g-Moll wurde damals als Todestonart, auch als Tonart der Traurigkeit bezeichnet und empfunden.

Schon im ersten Thema – das Sie gleich hören werden – gibt es keine einzige direkt angespielte Note, auf jedem Ton liegt eine Appoggiatur, ein Vorschlag von oben oder von unten – so wird das scheinbar Einfachste, ja das Selbstverständliche ungreifbar, es verschwimmt – man hört wie durch welliges Wasser gesehen. Der 2. Satz beginnt mit dem leicht versteckten Fugenthema der *Jupiter-Symphonie*, er steht in Es-Dur, als sollten die Alpträume des 1. Satzes weggewischt und so gleichsam eine »Hoffnung auf eine bessere Welt« herbeigefleht werden. Wir spielen jetzt die ersten beiden Sätze.

Und jetzt, nach dieser unfaßbaren Musik – wo jede Sprache arm wird, wo wir schweigen müßten, jetzt soll ich noch etwas über Mozart sagen und womöglich auch über dieses Jahr – nein – zu dieser Musik passen keine Festreden. Wie kann ich da noch etwas über Mozart sagen? Niemand kann es; aber alle tun es jetzt. Österreich heißt in diesem Jahr Mozart. – Aber, das hat nichts mit ihm zu tun, ich fürchte, mehr mit Geld und Geschäft. Eigentlich müßten wir uns ja genieren. Denn was Mozart von uns verlangt und seit mehr als zweihundert Jahren verlangt, wäre so einfach: Wir müßten ganz still und aufmerksam zuhören, und wenn wir seine wortlosen Beschwörungen und Plädoyers verstünden, dann müßten wir uns, wie schon gesagt, eigentlich eher genieren, als uns stolz zu brüsten.

Jetzt bejubeln wir ihn, und das klingt fast so, als wollten wir uns selbst bejubeln. Wir haben aber überhaupt keinen Grund, auf irgendetwas stolz zu sein, was mit Mozart zusammenhängt. Schon seit damals, als er hier in Salzburg und in Wien lebte. Er verlangt etwas von uns mit der unerbittlichen Strenge des Genies, und wir bieten ihm unsere Jubiläen mit ihren Umwegrentabilitäten und Geschäften und lassen seine Töne zerstückelt aus allen Werbekanälen tropfen – das dürfte einfach nicht sein – das ist ein Skandal und eine Schande – wie kann man das tolerieren? Aber, wenn so ein Besinnungsjahr trotz alledem einen Sinn haben soll, dann müssen wir hören – hören – hören – und können dann vielleicht einen kleinen Teil der Botschaft verstehen. Mozart braucht unsere Ehrungen nicht – wir brauchen ihn und seinen aufwühlenden Sturmwind. So ein Jahr ist in Wirklichkeit unsere Chance.

Was ist denn der Inhalt seines Plädoyers? Es ist die Kunst selbst, es ist die Musik, und wir haben Rechenschaft darüber abzulegen, was wir mit ihr gemacht haben und immer noch machen – und darüber, was wir versäumen und nicht machen. Die Kunst und mit ihr die Musik ist ein wesentlicher Bestandteil des menschlichen Lebens, sie ist uns geschenkt als Gegengewicht zum Praktischen, zum Nützlichen, zum Verwertbaren.

Es leuchtet mir ein, was manche Philosophen sagen, daß es die Kunst und eben die Musik ist, die den Menschen zum Menschen macht. Sie ist ein unerklärliches Zaubergeschenk, eine magische Sprache.

Die letzten Generationen haben ihr Schwergewicht immer mehr und mehr auf das unmittelbar Verwertbare gelegt – man meint wohl, die Glückserwartung scheine nur im Materiellen zu liegen: Glück wird mit Wohlstand, und Wohlstand mit Besitz gleichgesetzt: Es geht mir besser, je mehr ich besitze. Und diese Einstellung wirkt sich bereits in der Erziehung und in den Lehrplänen der Schulen aus. Nach und nach wird alles Musische verdrängt, alles, was die Phantasie fördert und was unverzichtbar ist – fast müßte man schon sagen: wäre – für ein menschenwürdiges Leben. Heute können hier die meisten Kinder nicht einmal mehr singen, weil sie nie dazu angeleitet wurden – sie wissen nicht, wie man die Töne formt – und sie kennen keine Lieder. Da fängt aber das Musik-Machen, das Musik-Verstehen an, mit drei, vier, fünf Jahren schon. Später überläßt man es sowieso dem Radio und dem Walkman.

Dieses Jahr jetzt mahnt uns in aller Eindringlichkeit, daß unsere Kinder ein Recht auf eine volle Bildung und nicht nur auf Ausbildung haben. Es ist symptomatisch für unsere Bildungsziele, daß bei den Kontrollmethoden – etwa der PISA-Studie – die Musik praktisch keine Rolle spielt. Nebenbei bemerkt – die beiden Artikel der Allgemeinen Erklärung der Menschenrechte, die über Bildung und Kultur handeln, Nr. 26 und 27, sind von peinlicher Dürftigkeit. Wenn zu Rechnen, Schreiben und Lesen nicht die Kunsterziehung gleichgewichtig hinzutritt, wenn das Nützlichkeitsdenken alles beherrscht – und wir sind nahe daran –, dann besteht höchste Gefahr, daß der Materialismus und die Raffgier zur götzenhaften Religion unserer Zeit werden.

Ist es nicht schon soweit? Kardinal König sagte vor einigen Jahren: »... der Weg Europas hat in eine Sackgasse geführt: Vorrang der Technik vor der Ethik, Primat der Sachwelt vor den Personenwerten ...« Pascal sprach im 17. Jahrhundert von den zwei einander bedingenden Denkweisen des Menschen: er nannte sie das arithmetische Denken und das Denken des Herzens. Kierkegaard warnte schon um 1840 vor dem drohenden Materialismus, er schrieb: »... man befürchtet im Augenblick nichts mehr, als den totalen Bankrott in Europa ...«, übersieht aber »... die weit gefährlichere, anscheinend unumgehbare Zahlungsunfähigkeit in geistiger Hinsicht, die vor der Tür steht«.

Es geht mir jetzt nicht so sehr um eine größere Beachtung der Kunst in ihrem erlauchten Spitzenbereich, es geht darum, daß diese höchsten Formen schließlich ins Leere rufen, wenn niemand mehr die Sprache versteht. Die Musik ist ja keineswegs die abgehobene Geheimsprache einer arroganten, selbstbewußten und privilegierten Minderheit, nein, jeder kann ihre Botschaft mitbekommen, kann teilnehmen an ihren Reichtümern, wenn die Antennen von klein auf richtig eingestellt werden.

Da die Kunst im Bereich der Phantasie zu Hause ist, hat sie etwas Rätselhaftes, nicht Erklärbares, ihre unsichtbare Macht ist gewaltig und gefährlich, ihre Wirkung subversiv. Deshalb haben Machthaber immer wieder versucht, sich ihrer zu bedienen. Ohne Erfolg, denn Kunst ist stets oppositionell und souverän, sie läßt sich weder zähmen noch einverleiben. Sie ist eine Sprache des Unsagbaren – die aber manchen letzten Wahrheiten wohl eher nahekommt als die Sprache der Worte, die Verständigung mit ihrer Logik, mit ihrer Eindeutigkeit, ihrem schrecklichen: Ja oder Nein.

Die Rolle, die wir der Kunst zubilligen, ist vielfach, sie uns dienstbar zu machen, sie zu zähmen, aber auch, uns mit ihr zu brüsten. In unserem schönen, geförderten Musikleben sollen die Menschen nach aufreibender Arbeit Freude und Erholung finden – sollen wieder Kraft finden für den Alltagsstreß. (Die Nazis nannten das »Kraft durch Freude« – mit ähnlicher Begründung wie bei den Menschenrechtsartikeln.) Ein gefährlicher Schritt im langen und illegalen Prozeß, Kunst »nutzbar« zu machen.

Die Musik der großen Komponisten hat diesen Trend fast nie bedient, sie war schon immer viel mehr: nämlich sensible Reaktion auf die geistige Situation der Zeit – sie war und ist ein Spiegel, der den Hörer sich selbst zu erkennen half, der ihn auch in Abgründe blicken ließ: als man Mozarts *g-Moll-Symphonie* zum ersten Mal hörte, wurde gefragt, ob derartige Erschütterungen zulässig seien. Diese Symphonie ging ja für die Menschen damals bis in die Extreme der musikalischen Sprache. Der Zürcher Musikästhetiker und Kulturphilosoph Hans Georg Nägeli (1773–1836) bezweifelte – wie manche seiner Zeitgenossen –, ob derartiges noch zulässig und zumutbar sei – damals ist wohl keiner beruhigt nach Hause gegangen.

Durch die Kunst werden wir ja zu Erkenntnissen geführt, oft geradezu gestoßen: sie ist der Spiegel, in den wir schauen müssen. Um dem zu entkommen, hat man eine bloß ästhetisierende, manche sagen: »kulinarische« Art, mit Kunst umzugehen, angenommen: Man hört »schöne« Musik, man sieht »schöne« Bilder – aber man läßt sich lieber nicht von ihr erschüttern, oder gar umkrempeln.

Als junger Orchestermusiker vor fünfzig Jahren mußte ich die *g-Moll-Symphonie* jährlich oft und oft spielen – damals immer lieb und hübsch, die Zuhörer wiegten selig ihre Köpfe, man sprach nachher von »Mozart-Glück«. Die Partitur auf meinem Pult aber sagte anderes: wie hier alles in Frage gestellt, ja geradezu zerstört wird: die Melodie – die Harmonie – der Rhythmus. Nichts ist so, wie es korrekterweise sein müßte, außer vielleicht das romantische Trio des Menuetts. – Es kann schon sein, daß man damals, nach dem Krieg, die ausstrahlende Harmonie, das rein Beglückende gebraucht hat – die Kehrseite der Medaille hatte man ja grausam erlebt. So kehrten praktisch alle Mozart-Interpretationen damals das Helle, Positive hervor und unterdrückten das Erschütternde.

Diese »Symphonie« wurde zu meiner persönlichen Schicksalssymphonie, sie hat mein Leben nachhaltig verändert, da ich sie eines Tages, nach siebzehn Jahren als Orchestercellist, so nicht ein einziges Mal mehr spielen wollte, ich verließ das Orchester …

Man kann in dieser Symphonie auch ein großes Beispiel sehen, ähnlich vielen Werken der Literatur und der Bildenden Kunst: – wie weit darf, soll oder muß Kunst gehen – aber auch: was kann und muß der Hörer zu ertragen bereit sein. Mozart ist immer wieder an diese Schmerzgrenze gegangen. Wie fast alle großen Künstler bleibt Mozart als Person rätselhaft, ja geradezu unheimlich. Man meint, alles über ihn zu wissen – sein Leben ist ja bestens dokumentiert –, aber wenn man etwas über ihn sagen will, bemerkt man, daß man ihn überhaupt nicht kennt.

Unser geschichtliches oder biographisches »Wissen«, ganz allgemein gesprochen, ist ja kein Wissen – wir erwerben es indirekt und meinen, Augenzeugen zu sein. Wir nehmen die Bilder – etwa des Fernsehens – als Fakten, wir glauben, dabeigewesen zu sein, haben aber nichts gespürt auf unserer Haut und in unseren Herzen. Die Bilder sind Bilder – aber die Wirklichkeit ist nur vorgetäuscht, sie war ganz anders. Wir werden die Wahrheit über Mozart nie erfahren – es ist unser selbstgemachtes Bild, das wir dafür halten. Nur das Werk birgt die Wahrheit. Den Menschen zu verstehen, scheint unmöglich – so gelangen wir, wie bei vielen Künstlern, zu einer Art Doppelgängersicht. Als gäbe es zwei Mozart: das spielende Kind, den heiteren, extrovertierten jungen Mann, von dem seine Freunde sagten, er sei niemals mürrisch gewesen; der von Jugend an seine Briefe in einem geschliffenen Stil schrieb; gebildet, schlagfertig und sicher.

Der Mozart der Biographien, mit seinen finanziellen, familiären und künstlerischen Krisen; war er reich oder arm? Zerkracht mit seinem Vater oder in liebevoller Harmonie? War er künstlerisch gescheitert nach dem Wiener Mißerfolg von *Le Nozze di Figaro*? – Ich glaube kein Wort davon, denn wie Oswald Spengler sagt: »Natur soll man wissenschaftlich traktieren, über Geschichte soll man dichten.« – Und das tat man über die Maßen. Aber der andere Mozart ist der Eigentliche, ist ungreifbar und unbegreifbar, er entzieht sich jeder Beurteilung. Wenn wir ihn erfassen wollen, müssen wir beschämt erkennen, daß unsere Elle nicht in sein Maßsystem paßt – er kommt von einem anderen Stern. Er lebt nur durch sein Werk: Ernsthaft in jedem Augenblick, auch im Witz beklemmend: der *Musikalische Spaß*, ein ebenso dunkles Stück wie die gespenstische Lach-Arie in *Zaide*.

Was muß das für ein Schock gewesen sein im Hause Mozart, als der Vater im Kleinkind das Genie erkannte: man meint, ein herziges, gescheites Kind zu haben, und sieht unvermittelt – ein Krokodil. Ein Genie wie Mozart wird nicht, das ist – paff – wie ein Meteor aus dem Universum. Kein spielendes Kind, eher ein spielender Erwachsener.

Es ist in der menschlichen Gesellschaft nicht vorgesehen, ein Genie großzuziehen, dafür gibt es keine Vorbilder. So ein dämonisches Wesen okkupiert selbstverständlich seine Umgebung, man kann es nicht »erziehen«, es ist ein geliebter und zugleich beängstigender Hausgenosse. Von seinen ersten musikalischen Äußerungen an ist Mozarts Weg als Künstler von einer Unbeirrbarkeit, von einer atemberaubenden Sicherheit – genau konträr zu seinem äußerlichen Lebensweg.

Schon als Kind komponierte er Werke, deren emotionaler Inhalt weit über das hinausgeht, was er erlebt und erfahren haben konnte. So können wir von dem Jüngling, der er immer war und blieb, die letzten und tiefsten Geheimnisse von Liebe und Tod, von Tragik, Schuld und Glück erfahren.

Er zwingt uns, in seelische Abgründe zu schauen und kurz darauf in den Himmel; vielleicht ein Griffel in der Hand Gottes.

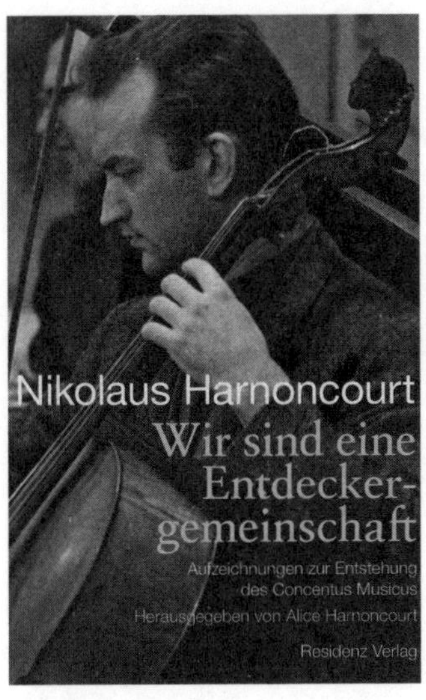

Alice Harnoncourt (Hg.)
Nikolaus Harnoncourt

Wir sind eine Entdeckergemeinschaft

Aufzeichnungen
zur Entstehung des
Concentus Musicus

ISBN 978 3 7017 3428 3

»Es packt uns wie ein vorgezeichneter, aber total ungeplanter Weg, ja fast wie eine Lawine, die alles mit sich reißt.« Auf der Suche nach dem Originalklang wurde der Concentus Musicus gegründet, der die internationale Musiklandschaft und klassische Hörgewohnheiten komplett veränderte. Die Tagebuchaufzeichnungen und Notizen von Nikolaus Harnoncourt erzählen von dieser aufregenden Reise.

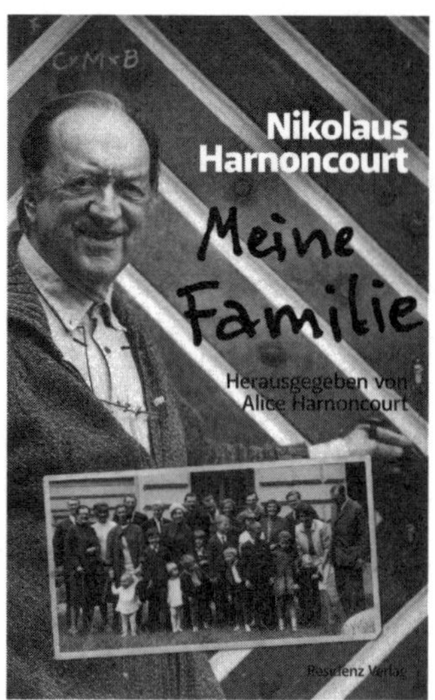

Alice Harnoncourt (Hg.)
Nikolaus Harnoncourt

Meine Familie

ISBN 978 3 7017 3465 8

Nikolaus Harnoncourts Kindheit und Jugend waren von der Not und den Folgen des Zweiten Weltkriegs, dem Erziehungskodex des adeligen Standes seiner Familie und der Liebe zur Musik geprägt. Eine Welt im Umbruch, eine Ära der politischen und gesellschaftlichen Veränderung. Die persönlichen Aufzeichnungen von Nikolaus Harnoncourt sind eine spannende Spurensuche in die Vergangenheit.